170.44
I 99c

JAN '09

FEB '09

RELEASE-DETROIT PUBLIC LIBRARY '09

JUL '09

NOV

2008

LOS CINCO SECRETOS
QUE DEBES DESCUBRIR ANTES DE MORIR

John Izzo

Los cinco secretos que debes descubrir antes de morir

URANO
Argentina - Chile - Colombia - España
Estados Unidos - México - Uruguay - Venezuela

Título original: *The five secrets you must discover before you die*
Editor original: Berrett-Koehler Publishers, Inc.
Traducción: Sergio Álvarez Vidal

ISBN: 978-84-7953-679-4
Depósito legal: NA. 1.850 - 2008

Fotocomposición: Ediciones Urano, S.A.
Impreso por Rodesa S.A. – Polígono Industrial San Miguel
Parcelas E7-E8 – 31132 Villatuerta (Navarra)

Impreso en España - *Printed in Spain*

NOV 2008

Dedicado a mi abuelo, Henry Turpel,
cuyo anillo llevo y cuyo legado continúo

Índice

Agradecimientos

Quisiera agradecer a varias personas la ayuda que me han brindado durante la investigación y redacción de este libro.

Esta obra se basa en una serie de televisión que realicé para el Biography Channel titulada *The Five Things You Must Discover before You Die*. De no haber sido por ese programa, puede que este proyecto de investigación nunca se hubiera llevado a cabo. Quisiera dar las gracias a Leslie Sole de Rogers TV por haber sido la primera en creer en este proyecto y en la sabiduría de mi mensaje. Gracias a todo el equipo de Rogers/Biography Channel, incluidos Tom, Stan y Teo, que trabajaron de firme para producir un programa del que estoy sumamente orgulloso.

Gracias a Steve Piersanti, de Berrett-Koehler, por su confianza en mis cualidades como escritor y en el mensaje que este libro trae al mundo. Steve representa muchos de los principios presentados en este libro, al igual que Berrett-Koehler, la empresa que ayudó a fundar.

Gracias a Ann Matranga, cuyas correcciones y comentarios han sido de un gran valor para mejorar el original.

Gracias a mis compañeras de investigación Leslie Knight y Olivia McIvor, que realizaron entre las dos más de 100 entrevistas. En especial quiero dar las gracias a Olivia, que creyó a pies juntillas en el valor de esas voces y me animó a perseverar.

Gracias a mi eficiente y dotada secretaria Elke, que me ayudó mucho con el programa de televisión y con este libro. Tú pusiste los cimientos que sustentaron el avance del proyecto de los *ancianos sabios*. Tus ánimos y tu fe en este trabajo siempre me han resultado de gran ayuda (sin mencionar el sinfín de maneras en que has hecho avanzar este proyecto cada día).

Muchas gracias a unos buenos amigos que me siguen animando y que lo hicieron de forma muy especial en este proyecto: Brad Harper, Josh Blair y Jeff VanderWeilen. Gracias a Max Wyman, que se ha convertido en un mentor para mí, por lo que le estoy profundamente agradecido. Gracias a mi amigo Jeremy Ball (también conocido como JB y CC), que me dijo que «toda mi vida había sido una preparación para escribir este libro». Somos almas gemelas más allá del tiempo y la distancia.

Gracias a mi abuelo, Henry Turpel, cuya vida siempre me inspiró y que murió antes de que pudiera beneficiarme de toda su sabiduría. Me parece que puedo oír su voz en las vidas de todas esas personas especiales.

Gracias a las 235 personas que dedicaron su tiempo a compartir la historia de su vida con nosotros. Me gustaría haber podido incluir todas vuestras vidas en este libro. Muchos de vosotros os habéis convertido en amigos y, como me recordasteis, la amistad es más importante que casi todo lo demás. Todos los que no he podido citar, que sepáis que aunque no se os mencione directamente vuestra sabiduría ha dado forma al mensaje de este libro.

Y, por encima de todo, mi amor y gratitud a mi compañera en la vida y en el trabajo, Leslie Nolin-Izzo, que produjo el programa de televisión y que a veces tengo la sensación de que es la productora ejecutiva de mi vida. Como de costumbre, me retaste a hacerlo muy bien o no hacerlo. Tus comentarios sobre el libro y sobre mi vida siempre han mejorado las cosas. Siempre me has alegrado el corazón, y aún lo sigues haciendo.

JOHN IZZO

Prólogo

El prólogo de un libro es una ventana del mundo del lector a la vida interior del autor. Es una forma de responder a dos preguntas: ¿Por qué el autor ha escrito este libro en concreto? ¿Qué me ofrece a mí como lector?

Escribí este libro porque llevo casi toda la vida intentando descubrir qué significa tener una vida plena y con sentido. Desde mi más tierna infancia he querido conocer el secreto de una buena vida y una muerte feliz. Las canciones que me han gustado, las películas que he visto y los libros que he leído siempre han tratado sobre la búsqueda de lo que realmente importa. Ante todo, esperaba poder averiguarlo antes de morir. A los 8 años, sentí la urgencia de esta búsqueda cuando murió mi padre, que sólo tenía 36. La vida puede ser muy corta y nunca sabemos cuánto tiempo tenemos para descubrir los secretos de la felicidad.

Desde joven he tenido el privilegio de pasar bastante tiempo junto a personas que se estaban muriendo y he podido descubrir que los individuos morimos de formas muy diversas. Algunas personas terminan su vida con un profundo sentimiento de satisfacción y arrepintiéndose sólo de un par de cosas. Otras mueren con amargura o una triste resignación por la vida que han llevado. Con veintitantos años, me lancé a descubrir qué diferenciaba estos dos grupos.

Hace mucho, una mujer de mediana edad llamada Margaret me dijo que siempre había intentado vivir desde la perspectiva de una «anciana sentada en una mecedora en el porche». Me contó que cuando tenía que tomar alguna decisión, se imaginaba sentada en el porche como una anciana que analiza la vida que ha llevado. Le pedía a esa anciana que la aconsejara sobre el camino que debía seguir. Es una imagen preciosa.

En mi mente empezó a germinar una idea: ¿Es posible que hacia el final de nuestra vida descubramos cosas que nos hubiera venido muy bien saber de más jóvenes? ¿Aprenderíamos cosas importantes sobre cómo llevar una existencia con sentido y feliz si habláramos con personas que ya hubieran vivido la mayor parte de su vida y hubieran encontrado la felicidad y el sentido de la misma?

Cuando voy a hacer un viaje, siempre escojo los hoteles desde un sitio web que incluye explicaciones sobre las experiencias de centenares de viajeros, gente que se ha hospedado en ese mismo sitio antes que yo. En sus comentarios, encuentro información *real* sobre esos hoteles. Con los años, al seguir este sistema he conocido muchos lugares maravillosos y he evitado importantes desastres. Creí que se podría aplicar este mismo método para descubrir los secretos necesarios para tener una vida con sentido y una muerte feliz.

Pensé que si podía identificar a personas que hubieran encontrado el sentido de la vida y podía escuchar sus historias, descubriría los secretos de la buena vida. A lo largo de este último año, he intentado identificar a varios cientos de personas que hubieran tenido una larga vida durante la cual hubieran encontrado la sabiduría y la felicidad, con el objetivo de entrevistarlas para descubrir lo que habían aprendido sobre la vida.

Me parece que la mayoría de nosotros conocemos por lo menos a una persona que ha conseguido una sabiduría manifiesta de la que podríamos aprender los demás.

Empecé pidiendo a 15.000 personas de Estados Unidos y Canadá que me enviaran sus recomendaciones. Les pregunté: ¿Quiénes son los ancianos sabios de tu vida? ¿A quién conoces que haya disfrutado de una existencia larga y tenga algo importante que enseñarnos sobre la vida? La respuesta fue abrumadora. Me propusieron casi mil nombres. Mediante entrevistas previas, identificamos a un grupo variado de 235 personas que habían sido identificadas como sabias. Esperaba poder escuchar la historia de estas personas y descubrir los secretos de la vida: los secretos que tienes que conocer antes de morir.

Las personas que entrevistamos tenían entre 59 y 105 años. Casi todas eran de América del Norte, pero tenían etnias, culturas, religiones, orígenes y estatus profesionales distintos. Aunque muchas de las personas que entrevistamos habían alcanzado un gran éxito en la vida, no pretendíamos buscar a gente famosa sino a gente extraordinaria de cualquier clase social. Desde barberos a profesores, hombres de negocios, escritores y amas de casa, desde párrocos a poetas, desde supervivientes del Holocausto a jefes aborígenes, desde musulmanes, hindúes, cristianos y judíos a ateos, quisimos que respondieran a esta pregunta: ¿Qué tenemos que descubrir sobre la vida antes de morir? ¿Qué nos pueden enseñar los que están más cerca del fin de sus vidas sobre cómo vivir?

Realizamos unas entrevistas que duraron de una a tres horas con todas estas personas. Fuimos tres entrevistadores: Olivia McIvor, Leslie Knight y yo. Les hicimos una serie de preguntas que se pueden encontrar en el último capítulo del libro, como: ¿Qué fue lo que te hizo más feliz? ¿De qué te arrepientes? ¿Qué es importante y qué no lo es? ¿Cuáles fueron los momentos cruciales que te cambiaron la vida? ¿Qué te gustaría haber sabido antes?

El libro tiene cuatro partes. La primera ayuda al lector a comprender la metodología que usamos y cómo seleccionamos y, más adelante, entrevistamos a estas personas. La segunda explora los cinco secretos que aprendimos de estas 235 personas sabias. La tercera analiza cómo podemos poner en práctica estos secretos en nuestra vida; una de las cosas que averiguamos es que no basta con conocer los secretos. De hecho, lo que separa a estas personas de muchas otras es que han integrado esos secretos en su vida. La parte final incluye una lista de preguntas que hicimos a todos los entrevistados (preguntas que esperamos que los lectores se planteen a sí mismos y a las personas sabias de sus vidas) y una lista de las mejores respuestas a la pregunta: «Si pudieras dar un consejo de una sola frase a alguien más joven sobre cómo encontrar la felicidad y el sentido de la vida, ¿qué le dirías?» Finalmente, hay un epílogo que comenta cómo estas entrevistas me cambiaron.

Escribir un libro basado en las vidas de varios centenares de personas suponía todo un reto. Cada trayectoria era única y ofrecía muchas posibilidades de aprender. Como pensé que presentar las historias de las vidas de varios centenares de personas abrumaría al lector, decidí compartir las experiencias personales de un grupo mucho más reducido (unas 50) que eran representativas del total. Decidí usar sólo sus nombres propios; veréis que se repiten los mismos nombres, porque sus vidas ayudan a comprender cada uno de los secretos. Aunque comparto historias concretas de este grupo más reducido, el lector debe saber que, con muy pocas excepciones, todos los entrevistados compartían los cinco secretos. En el capítulo titulado «El secreto de la vida en una frase o menos», doy a conocer la sabiduría de un grupo más amplio de personas.

Éste es un libro para personas de todas las edades. Es un libro para los jóvenes que empiezan el viaje de la vida. Del mismo modo que la gente consulta en Internet las experiencias que han tenido otros con diferentes productos o lugares de vacaciones, espero que también encuentres interesantes las experiencias vitales de estas personas. No tenemos por qué conseguir la sabiduría cuando somos mayores, la podemos encontrar mucho antes.

También es un libro para las personas de mediana edad, como yo, que se quieran asegurar de que descubren lo que importa de verdad antes de que sea demasiado tarde. También es un libro para los más mayores que quieran reflexionar sobre las experiencias de su vida y descubrir cómo transmitir su sabiduría a las siguientes generaciones.

No escogí el título de este libro a la ligera. *Los cinco secretos que debes descubrir antes de morir* tiene dos elementos clave. El primero es la idea de que sí hay *secretos* en la vida. Lo que descubrí en estas entrevistas es que todas las personas felices y sabias al final descubren y viven estos cinco secretos.

El segundo elemento, *antes de morir*, nos recuerda que tenemos un tiempo limitado para descubrir lo que realmente importa. Cuando propuse por primera vez escribir un libro con la palabra *morir* en el título, a mucha gente no le gustó. La mitad dijo que la palabra *morir* en el título resultaba deprimente, pero la otra mitad dijo que era *necesario*. Comentaron que la palabra *morir* permitía al lector darse cuenta de que tenemos que darnos prisa en descubrir lo que importa de verdad. De hecho, una de las cosas que comentaron más a menudo estas personas es lo rápido que pasa la vida. Seguimos creyendo que tenemos todo el tiempo del mundo para descubrir lo que necesitamos, pero en realidad tenemos un tiempo muy limitado.

Aunque imaginaba algunas de las cosas que aprendería en las entrevistas, como investigador sabía que se debe tener la mente abierta. Teníamos que hacer las preguntas y aprender sobre la vida de estas personas; sólo entonces, al haber acabado, podríamos ver cuál era la sabiduría que todos compartían. Una de las cosas más sorprendentes es que al acabar todas las entrevistas quedó muy claro lo que habíamos aprendido. A pesar de las diferencias entre todas esas personas (edad, religión, cultura, profesión, educación, posición económica), tenían en común los secretos para una vida plena. Parece que lo que realmente importa traspasa las fronteras que a menudo consideramos que nos separan, como la religión, la raza y la posición económica.

A las tres personas que realizamos las entrevistas nos conmovió profundamente esta experiencia. Puesto que no dimos las preguntas de antemano a los entrevistados, a veces había largas pausas entre las preguntas y las respuestas. Todos nos dimos cuenta de que en esas pausas aprovechábamos para reflexionar nosotros mismos sobre las preguntas. ¿Qué nos ha hecho felices? ¿Qué es lo que realmente importa? Cuando lleguemos al final de nuestra vida, ¿cómo responderemos a estas preguntas? ¿Qué nos gustaría haber aprendido antes? Espero que al leer el libro, tengas esta misma sensación. Espero que mientras leas las historias de la vida de estas personas, reflexiones sobre tu propia vida y empieces a descubrir de forma más profunda tu propio camino para conseguir la sabiduría y la felicidad.

Tenía una obligación personal pendiente que también me ha empujado a realizar estas entrevistas. Mi abuelo fue uno de los mayores sabios en mi vida. Toda mi familia siempre me ha dicho que fue un hombre muy sabio que encontró la felicidad y que había ayudado a muchas personas en su vida. Tuvo tres hijas a las que quería muchísimo, pero siempre echó de menos no haber tenido también un hijo. Cuando nací, mi madre me contó que mi abuelo dijo: «John es el hijo que nunca he tenido y le enseñaré los secretos de la vida». Murió de un ataque al corazón cuando yo era muy pequeño. Nunca pude hacerle las preguntas de este libro. Sin embargo, en las voces de esas 235 personas, oigo la voz de mi abuelo. Sé que se está riendo dondequiera que se encuentre.

Este libro contiene una sencilla premisa: no tenemos que esperar a ser mayores para ser sabios. Podemos descubrir los secretos de la vida a cualquier edad, y cuanto antes los descubramos, antes podremos tener una vida más plena.

Uno de los «sabios ancianos» que entrevisté resumió el valor de este esfuerzo. Me dijo: «Si una sola persona puede aprender los secretos de la felicidad unos años antes gracias a vuestra labor, habrá valido la pena».

Por lo tanto, espero que disfrutes de este viaje. Para mí, ha sido un trayecto lleno de risas y lágrimas, pero sobre todo muy instructivo. Las conversaciones que tuve con esas personas han cambiado mi vida, y espero que también cambien la tuya.

1

¿Por qué algunas personas encuentran el sentido de la vida y mueren felices?

«Nueve décimas partes de nuestra sabiduría consisten
en ser sabios a tiempo.»
THEODORE ROOSEVELT

«La sabiduría vale más que cualquier riqueza.»
SÓFOCLES

¿Por qué algunas personas encuentran el sentido de la vida y mueren felices? ¿Cuáles son los secretos para encontrar la felicidad y vivir con sabiduría? ¿Qué es lo que realmente importa si queremos vivir una vida que valga la pena? Éstas son las preguntas que este libro intenta responder.

Para vivir de forma sabia, tenemos que reconocer que hay dos verdades fundamentales en la vida humana. La primera es que tenemos una cantidad limitada e indefinida de tiempo: puede que sean cien años, pueden ser treinta. La segunda es que en esa cantidad limitada e indefinida de tiempo tenemos casi un número ilimitado de opciones relativas al empleo del tiempo —las cosas en las que decidimos centrarnos y poner nuestras energías— y estas opciones definirán en última instancia nuestras vidas. Cuando nacemos, no se nos proporciona ningún manual, y el tiempo empieza a correr en cuanto llegamos al mundo.

No nos gustan las palabras *morir* o *muerte*. Muchas actividades humanas están concebidas para protegernos de la verdad sobre la vida: que es limitada, que, al menos en este lugar, no estaremos para siempre. Puede que alguno haya dudado si escoger un libro con la palabra *morir* en el título por miedo a que, de alguna manera, pueda pasar algo malo por el mero hecho de reconocer la realidad de su propia mortalidad. Puede que incluso se sienta algo incómodo al leer estas palabras y sólo espere que pase pronto a otro tema.

Aun así, el hecho de que muramos y de que tengamos un tiempo limitado es lo que hace que descubrir los secretos de la vida sea tan importante. Si viviéramos para siempre, no correría mucha prisa descubrir los caminos verdaderos hacia la felicidad y nuestras metas, ya que dado el privilegio de la eternidad posiblemente nos toparíamos con ellos en un momento u otro. Es un privilegio que no tenemos. Sea cual sea nuestra edad, la muerte nos acecha. Cuando somos jóvenes, podemos sentir la muerte como una realidad distante y lejana, pero habiendo oficiado en funerales de personas de todas las edades, incluido un amigo que murió a los 33 años mientras estaba de viaje en Kenia, me parece que la muerte siempre está cerca, recordándonos que tenemos que vivir nuestras vidas. Derek Walcott, el poeta de Santa Lucía ganador del Premio Nobel, llamó al tiempo la «maldad amada». Sabemos que el tiempo se parece al mal porque nos arrebata todo lo que nos importa, al menos en esta vida; además, el tiempo también es *amado* porque es nuestra propia mortalidad lo que proporciona a la vida un sentido de urgencia y finalidad. Nuestro tiempo es limitado y debemos usarlo con sabiduría.

Conocimiento frente a sabiduría

Saber usar esta vida al máximo requiere más sabiduría que conocimiento. La sabiduría es distinta del conocimiento y mucho más importante. Vivimos en un tiempo en el que los conocimientos (el número de hechos) se duplican cada seis meses, pero hay poca sabiduría. El conocimiento es la acumulación de hechos, mientras que la sabiduría es la capacidad de discernir lo que importa de lo que no importa. A menos que podamos descubrir lo que es realmente importante, no podremos encontrar el sentido verdadero de la vida.

Mi primer trabajo fue como pastor de la Iglesia presbiteriana. Con veinte años, tuve el privilegio de pasar bastante tiempo con personas que se estaban muriendo. A través de esas experiencias, descubrí que los seres humanos individuales mueren de formas muy diferentes. Algunas personas mueren después de haber tenido una vida llena de sentido y con muy poco que reprocharse. Estas personas llegan al final de sus vidas con el profundo convencimiento de haber tenido una vida completa. Otros mueren con amargura por haber dejado escapar lo que realmente importaba. Aunque era muy joven, me di cuenta de que algunas personas encontraban los secretos de la vida y otras no.

La muerte nunca me ha resultado un concepto abstracto. Mi padre murió cuando tenía tan sólo 36 años. Un día en que estaba de picnic se levantó y ahí se acabó todo. Su vida no había sido en absoluto perfecta y ya se había terminado. No habría una segunda oportunidad. Cuando cumplí los 28 había oficiado docenas de funerales y había estado con muchas personas en los últimos días de sus vidas. Pienso que esta intimidad con la muerte es un gran don. Quizás a causa de estas experiencias, siempre he buscado los *secretos* para llevar una vida plena y con sentido. Prometí siendo muy joven que, cuando llegara mi hora, no miraría hacia atrás y me lamentaría de la vida que podría haber llevado.

Mi mujer es enfermera y, desde que era joven, también ha sido testigo de la realidad de nuestra condición mortal. Trabajó en quirófano, con los enfermos de cáncer de pediatría y en urgencias. Solemos hablar de la muerte. Intentamos vivir siendo conscientes de su presencia.

Leslie, mi mujer, ha estado a punto de morir en un par de ocasiones. Nació con una malformación coronaria y fue sometida a varias operaciones importantes que empezaron cuando tenía apenas unos días de vida, pero hace tres años tuvimos una experiencia que nos recordó de nuevo la fragilidad de nuestras vidas.

Leslie fue al hospital para una operación de rutina que no suponía ningún riesgo. Aún recuerdo que ese día nuestra hija Sydney, que entonces tenía diez años, dijo: «Mamá, ¿seguro que tienes que hacerte esa operación?» Leslie se lo confirmó y a la mañana siguiente entró en el hospital para operarse.

Lo que pasó en las 72 horas siguientes todavía está bastante confuso en mi memoria. La operación fue bien, poco después ella estaba grogui y luego tuvo algunas molestias. Nuestros hijos y yo nos quedamos en el hospital con ella esa noche. Al día siguiente se encontraba un poco mejor y me fui de la habitación por la tarde para que pudiera descansar. Le dije que tenía que hacer unas gestiones en la oficina y que volvería al mediodía, al cabo de unas 18 horas. Supusimos que poco después le darían el alta.

A la mañana siguiente llamé al hospital sobre las 11 y mi mujer decía un montón de cosas que no tenían ningún sentido, con frases que resultaban del todo ininteligibles. Fui corriendo al hospital y descubrí que en mitad de la noche había sufrido un derrame cerebral con 37 años. Veía triple y la trasladaron a la unidad de cuidados intensivos de neurología. Ese mismo día, el neurólogo me pidió que tomara la decisión más difícil de mi vida hasta el momento: «Su mujer ha tenido un derrame cerebral y no sabemos la causa. Tenemos que tomar una decisión inmediatamente sobre si le suministramos anticoagulantes. Podrían salvarle la vida o podrían suponer más hemorragias, en función de la causa del derrame. Usted decide». Con la información de que disponía, decidí autorizar el uso de los fármacos. Los siguientes días estuvieron llenos de tensión y miedo.

Cuando ocurre una cosa así, todos tenemos nuestra propia historia. No puedo hablar de la experiencia de mi mujer, pero los meses posteriores desencadenaron en mí un torbellino emocional. Mi vida estaba llena de reuniones y tareas. Incluso mientras Leslie se recuperaba en casa, seguía ocupando mi vida con todas estas tareas, y cuando miro atrás me doy cuenta de que no estuve a su lado como me hubiera gustado. Continuamente me preguntaba: «¿Estoy viviendo la vida de forma correcta? ¿Qué es lo que realmente importa?»

Un amigo mío, Jim Kouzes, me contó que «la adversidad nos hace conocernos» y no estaba seguro de que me gustara la persona que había conocido. Mientras ella se recuperaba lentamente y yo observaba con tristeza su lucha diaria por volver a realizar las cosas más sencillas que antes hacía sin esfuerzo alguno, intentaba reflexionar sobre el resto de mi vida. El derrame cerebral nos recordó lo frágil que es la existencia, pero también sirvió como toque de atención.

Al acabar el año, Leslie casi había vuelto a la normalidad y yo estaba muy agradecido. Sentía que nos habían concedido un indulto. Pero habíamos recibido un aviso importante. Nuestra seguridad sobre la salud y la vida se había hecho trizas con esta experiencia. La vida era breve. Y empecé a preguntarme: «¿He descubierto lo que realmente importa? Si llegara mi hora, ¿podría decir que he descubierto los secretos de la vida?» Con casi cincuenta años y mi mujer recuperada del derrame cerebral, me embarqué en el viaje que comparto en este libro, un viaje para descubrir los *secretos*.

Este libro surgió del deseo de aclarar lo que realmente importa, los secretos de una vida feliz y con sentido. A medida que me he ido haciendo mayor, me he planteado con mayor ahínco las preguntas de toda la vida: ¿Qué es lo que importa? ¿Qué pensaré cuando llegue al final de la vida? Dado que sólo tengo una cantidad limitada de tiempo por delante, ¿cuál sería la forma más sabia de emplearlo? ¿Cuáles son los secretos de la felicidad y el sentido de la vida?

Las dos cosas que más queremos

Creo que hay dos cosas que son las que más deseamos como seres humanos. Freud teorizó que los dos instintos primarios de los humanos eran buscar el placer y evitar el dolor. Tras haber pasado la vida, no con pacientes psiquiátricos, sino conociendo a miles de personas de muchos continentes y escuchando sus historias (primero como pastor y más tarde dirigiendo sesiones de crecimiento personal), pienso que Freud estaba equivocado, muy equivocado.

De acuerdo con mi experiencia, las dos cosas que los seres humanos más queremos son encontrar la felicidad y encontrar el sentido de la vida. A menudo se considera que *felicidad* es una palabra frívola, como cuando decimos: «No te preocupes, sé feliz» (en el sentido de «felizmente inconsciente»). Podemos pensar en la felicidad como en un estado temporal en el que nos sentimos bien gracias al sexo o a una buena comida.

Con la expresión *encontrar la felicidad* quiero decir que todos los seres humanos queremos experimentar la alegría y un profundo sentimiento de satisfacción. Queremos saber que hemos vivido una vida plena y que hemos experimentado lo que significa ser humanos. Joseph Campbell lo expresó del siguiente modo: «Creo que lo que buscamos es la experiencia de estar vivos, de modo que nuestras experiencias vitales en el plano puramente físico tengan una repercusión en nuestro ser y nuestra realidad más íntimos, para que podamos sentir de verdad el éxtasis de estar vivos».*

---

* Joseph Campbell y Bill Moyers, *El poder del mito* (Barcelona, Salamandra, 1991).

Esto no significa un estado permanente de felicidad absoluta, sino más bien una alegría y satisfacción diarias que conforman una experiencia que llamamos felicidad. Al terminar cada día, y al final de nuestras vidas, queremos lo que mi abuelo llamaba un «cansancio positivo».

Pero la felicidad no es suficiente para nosotros. Pienso que además queremos encontrar un significado a nuestras vidas. Si la felicidad tiene que ver con la experiencia diaria de la satisfacción y la alegría, el significado tiene que ver con el sentimiento de que nuestras vidas tienen sentido. Victor Frankl, discípulo de Freud y superviviente de los campos de exterminio nazis, sugirió que la búsqueda del significado es el máximo instinto humano. Lo que más deseamos saber es que importaba que estuviéramos aquí, encontrar una razón para estar vivos. Algunos lo llaman el sentido de la vida; otros pueden decir que se trata de dejar un legado o encontrar una vocación. Para mí, el *sentido* tiene que ver con la conexión con algo que está fuera de nosotros mismos. El sentido hace referencia a no estar solos, porque si mi vida tiene sentido, está conectada a algo o a alguien más allá de mí mismo.

La felicidad tiene que ver con momentos de nuestra vida; el sentido tiene que ver con nuestra sensación de estar unidos. Quizá, si no fuéramos mortales, la felicidad sería suficiente, pero nuestra mortalidad hace que queramos estar conectados, saber que importa que hayamos estado aquí.

Pero ¿cómo descubrir los secretos de la felicidad y el sentido de la vida? ¿Cómo conocer los secretos de vivir bien y morir felices?

Muchos de nosotros avanzamos a trompicones por el camino de la vida, aprendiendo a medida que caminamos, y finalmente descubrimos lo que importa. A menudo obtenemos esa sabiduría cuando somos mayores, cuando ya hemos vivido la mayor parte de nuestra vida, cuando es demasiado tarde para actuar en función de lo que hemos aprendido. ¿Qué pasaría si pudiéramos descubrir los secretos de una vida feliz y con sentido antes de hacernos mayores?

No creo que tengamos que esperar a hacernos mayores para obtener esa sabiduría. Me parece que los secretos de la vida están por todas partes a nuestro alrededor, y tenemos como testimonio la vida de otros, los que han encontrado lo que buscamos.

En este libro hay cinco secretos que debemos conocer sobre la vida antes de morir. Estos secretos son los cimientos de una vida plena y con sentido. Son un regalo de los que han vivido de forma sabia para los que todavía estamos intentando llegar a la cumbre.

¿Son realmente secretos?

¿Por qué llamo «secretos» a estos descubrimientos? Normalmente concebimos los secretos como algo que poca gente sabe, aunque es muy probable que cuando leas sobre los cinco secretos tengas la sensación de que ya los conocías. Está claro que no serán una absoluta sorpresa. El diccionario define *secreto* como un «conocimiento que alguien posee en exclusiva acerca de la virtud o propiedades de una cosa o de un procedimiento». Aunque puede que hayas oído antes estas afirmaciones, lo que las convierte en secretos es que sólo unos pocos parecen vivir sus vidas como si realmente fueran verdad. El secreto no es que estas afirmaciones sean nuevas, sino más bien que son el denominador común del variopinto grupo de personas que, según los demás, han encontrado la felicidad y el sentido de la vida.

En *Ana Karenina*, Tolstoi escribe que «las familias felices son todas iguales; pero cada familia infeliz lo es a su manera». Lo que descubrí en las entrevistas es que la gente feliz tenía estos cinco secretos en común respecto a cómo vivían sus vidas. Además, descubrí que esas personas no sólo conocían estos secretos sino que los habían puesto en práctica en su vida.

No basta con conocer los secretos. Todos sabemos cosas que nunca ponemos en práctica: es bueno hacer ejercicio, una alimentación equilibrada puede mejorar nuestro estado de salud, fumar nos perjudica, las relaciones son más importantes que las cosas, etc. Sin embargo, muchos de nosotros llevamos una vida que se contradice con la «sabiduría» que ya poseemos. En este libro intento responder a dos preguntas: ¿Cuáles son los secretos de una vida plena y con significado? ¿Cómo ponemos en práctica estos secretos en nuestras vidas y nos guiamos por ellos? Para mí, se trata de conocer y de orientarse. El conocimiento es necesario, pero no suficiente.

Antes de compartir los cinco secretos y las prácticas indicadas para integrarlos en nuestras vidas, analicemos el método mediante el cual los llegué a descubrir.

2

Por qué hablé con el barbero (y otras doscientas personas de más de sesenta años) sobre la vida

«Podemos obtener sabiduría mediante tres métodos:
primero, mediante la reflexión, que es el más noble;
segundo, mediante la experiencia, que es el más amargo,
y tercero, mediante la imitación, que es el más fácil.»
CONFUCIO

Imagina por un momento que planeas hacer unas vacaciones a un país exótico y misterioso, y has ahorrado dinero toda la vida para emprender este viaje. Es un destino con un sinfín de posibilidades y sabes de sobra que no tendrás tiempo suficiente para explorar todas las opciones. Además, estás razonablemente seguro de que no podrás volver a viajar a este lugar; ésta será tu única oportunidad.

Ahora imagina que alguien te dice que hay varios vecinos en tu barrio que ya han estado en ese país, que han explorado todos sus rincones. A algunos les ha gustado el viaje, aunque se arrepienten de un par de cosas; otros desearían poder volver sabiendo lo que saben ahora. ¿Les invitarías a cenar, les pedirías que trajeran sus álbumes de fotos, prestarías atención a sus historias y escucharías sus consejos? Aunque pasaras sus experiencias por el filtro de tus gustos personales, sería una tontería no oír sus historias.

Con la vida pasa como con este viaje. Sólo emprendemos el viaje de la vida una vez, al menos de esta forma (que sepamos). Tenemos una cantidad indefinida y limitada de tiempo, y hay muchas personas que cuando llegan al final se arrepienten de cómo han vivido, mientras otras experimentan un profundo sentimiento de felicidad y de plenitud. ¿Por qué no tendríamos que escuchar a los que ya han hecho el viaje y nos pueden contar lo que han aprendido? La suposición que hay detrás de este libro es muy sencilla: si podemos identificar a las personas que han tenido una larga vida y han encontrado la felicidad, podremos averiguar los secretos que tenemos que conocer antes de morir.

Una de mis mayores virtudes es que siempre me ha interesado la gente. A menudo un completo desconocido me cuenta su vida poco después de habernos visto por primera vez. Creo que es porque tengo la cualidad de no juzgar y porque pienso que aprendemos mucho al escuchar las historias de otras personas. Dicen que «la sabiduría es la recompensa que obtienes después de una vida de escuchar cuando hubieras preferido hablar».

Cómo escogimos a las personas sabias

Quizá porque creo que la sabiduría proviene de escuchar, cuando intenté descubrir los secretos de una vida plena y con sentido, lo hice escuchando las historias de otras personas. Mi método era muy sencillo: empezar pidiendo a varios miles de personas que identificaran a alguien que hubiera tenido una larga vida y que creyeran que había descubierto la felicidad y el sentido de la vida. Creo firmemente que cuando la gente encuentra estos valores las personas de su alrededor lo perciben. En vez de buscar definiciones, pensé que si podíamos dar con personas que hubieran encontrado el «secreto», podríamos descubrir cómo lo habían logrado. También pensé que si pedíamos que identificaran a alguien que hubiera llevado una vida larga y plena, este proceso nos llevaría a un grupo de personas único, y la historia y las reflexiones sobre su vida podrían llevarnos a los verdaderos secretos que anhelaba. Después de haber preguntado a quince mil personas, el nivel de respuestas fue abrumador. Cada mañana recibíamos una ingente cantidad de mensajes de voz, correos electrónicos y cartas que nos hablaban de parientes, amigos y conocidos que la gente decía que habían «vivido mucho y encontrado lo que realmente importa». Mediante entrevistas previas, redujimos la lista a poco más de cuatrocientas personas, y después de una serie de charlas finalmente identificamos a 235.

Después de haberlas identificado, les hicimos entrevistas en persona o por teléfono que duraron de una a tres horas para intentar averiguar lo que habían aprendido en la vida. Les hicimos una serie de preguntas: qué da la felicidad; qué proporciona sentido a la vida; qué resulta una pérdida de tiempo; qué harían de diferente manera si volvieran a vivir; cuáles eran los secretos y cómo los pusieron en práctica en su vida; cuáles habían sido los momentos cruciales que cambiaron su vida; cómo se sentían respecto a la muerte. Sobre todo escuchamos las historias de cómo habían transcurrido sus vidas, las prácticas que las caracterizaban, e intentamos leer entre líneas para averiguar los secretos.

Lo que resulta único de este libro no es solamente que hablamos con muchísimas personas mayores sobre sus vidas. Lo que lo hace realmente diferente es que esas personas habían sido identificadas por otras, normalmente gente mucho más joven, como personas que habían encontrado la felicidad y el sentido de la vida.

De jóvenes, muchos tuvimos a algunos ancianos sabios en nuestras vidas. A edad muy temprana, yo, al igual que muchos de vosotros, conocí a personas mayores con una gran sabiduría, que parecían saber algo sobre la vida. Puede que fueran los abuelos, una tía, un tío o un mentor. Había alguien en nuestra vida que teníamos la sensación de que había dado con ello. De algún modo, sus años de vida habían convertido los conocimientos en sabiduría. Los hechos de la vida habían dejado de ser meros conocimientos. Mi abuelo era una de esas personas. Me parecía que sabía algo de la vida, que descubrió lo que era importante.

Me da la impresión de que estamos rodeados de *ancianos sabios*. Sólo tenemos que mirar a nuestro alrededor. Y todas esas personas nos pueden enseñar muchas cosas. El estrecho vínculo que a menudo encontramos entre un abuelo y un nieto probablemente se crea porque los niños notan de forma intuitiva la conexión entre la edad y la sabiduría.

Evidentemente, también descubrimos a edad muy temprana que no todas las personas mayores son sabias. Aunque la sabiduría a menudo se asocia a la edad, a veces se llega a anciano sin ningún tipo de sabiduría. Muchos conocemos, o hemos conocido, a personas mayores que están amargadas con su vida y que parece que hayan aprendido muy poco en todos estos años. Por esta razón, no sólo hablé con personas que eran mayores, sino con aquellas en las que otros veían sabiduría, que podemos definir como la capacidad de discernir lo que realmente importa e incorporarlo a tu propia vida.

La importancia de hablar con personas mayores

No resulta muy habitual en nuestra sociedad hablar con personas mayores para descubrir cómo tenemos que vivir. Nuestra cultura está centrada en los jóvenes, considera que lo nuevo y actual es lo que tiene más valor (tanto si es un ordenador portátil, un coche o una persona). Entonces, ¿por qué resulta tan importante escuchar la voz de los mayores? Tanto si somos jóvenes como personas de mediana edad, ¿por qué buscamos a los más mayores para descubrir los secretos? ¿Por qué no hablamos con gente de todas las edades que pareciera feliz?

Hay un refrán rumano que dice: «Un hogar sin ancianos debería adquirir por lo menos uno». Las culturas de todo el mundo han venerado a las personas mayores durante miles de años antes que nosotros por alguna razón. Setenta y cinco años, con veinte años de más o de menos, no es mucho tiempo para alcanzar la sabiduría a través de la experiencia (el amargo camino, en palabras de Confucio).

El año pasado tuve el privilegio de pasar bastante tiempo con varias tribus de Tanzania. Mientras estaba con esas tribus, que veneran a los ancianos, se me ocurrió por primera vez la idea de este proyecto. En una de ellas, los irak (nada que ver con el país), se pasa a formar parte del consejo de ancianos a los cincuenta años. Hay un consejo de hombres y otro de mujeres. Toda la vida anterior de la persona es una preparación para formar parte de este consejo, un grupo que toma decisiones importantes. Conocí a un miembro de la tribu que tenía 49 años (la misma edad que yo) y le faltaba un año para convertirse en uno de los ancianos. Me confesó que para él sería una experiencia «fantástica». Se notaba que toda su vida había sido una preparación para ese momento.

Cuando los miembros de la tribu nos describían este proceso, nos preguntaron: «¿Cómo funciona el consejo de ancianos en vuestra sociedad?» Los quince norteamericanos que estábamos allí, la mayoría de más de cincuenta años, explicamos con cierta inquietud que no teníamos exactamente un consejo de ancianos; que en nuestra sociedad las personas mayores a menudo eran llevadas a residencias o vivían aisladas de los jóvenes. Nuestra sociedad valora la juventud por encima de todo.

Los ancianos de Tanzania estaban horrorizados: ¡cómo era posible! Después de hablar entre ellos, nos recomendaron que volviéramos a nuestro país, formáramos un consejo e hiciéramos que «los jóvenes nos escucharan». Durante unos instantes gloriosos, mientras estábamos sentados en las montañas del África oriental, pensamos que era una gran idea. Recordé que durante la mayor parte de la historia de la humanidad se ha reconocido que los años suelen conllevar una sabiduría que hay que valorar. Me di cuenta de que toda esa experiencia se desaprovecha en nuestra sociedad.

Curiosamente, los miembros de la tribu irak nos contaron que a menudo invitaban a hombres y mujeres más jóvenes para que asistieran a los consejos, como invitados, porque hay algunas personas jóvenes que ya son sabias. ¡Qué gran lección! La edad a menudo va unida a la sabiduría, pero ésta se puede encontrar en los más jóvenes: podemos descubrir los secretos de la vida a cualquier edad.

Durante este proyecto tuvimos el privilegio de entrevistar a varios ancianos aborígenes. En las culturas indígenas y nativas de Canadá y Estados Unidos, a algunas personas mayores se las llama *ancianos*. A diferencia de la tradición en la tribu irak, la edad por sí sola no convierte a una persona en anciana, y no hay ningún tipo de nominación o proceso de votación. Más bien, en algún momento, resulta evidente que una persona concreta ha encontrado la sabiduría, y el resto empieza a reconocerla como una anciana. En estas culturas, los ancianos son venerados por lo que se puede aprender de ellos, y a menudo se honra a los espíritus de los ancestros por el mismo motivo, por el don de la sabiduría que tienen que transmitir.

En una sociedad cada vez más urbana y con mayor movilidad se ha perdido una gran parte de la perspectiva intergeneracional. Hace años conocí a un chico de Brasil que me contó que su mejor amigo era un hombre mayor que vivía en su misma calle. Este tipo de amistad es un don del que carecen muchos jóvenes en las sociedades que llamamos desarrolladas, unas veces por culpa de la sociedad y otras por nuestra falta de predisposición a escuchar. Cuando analizo mi vida, una de las cosas que desearía es haber buscado la sabiduría de las personas con más experiencias vitales que yo en vez de haber asumido siempre que aprender de los errores era la senda primordial del conocimiento. Los ancianos resultan imprescindibles para nosotros porque han tenido una larga vida y han alcanzado la sabiduría.

Una de las premisas en las que se basaba mi investigación era una hipótesis sencilla: identificamos la sabiduría cuando la vemos. Un amigo mío, que también es una de las personas que entrevistamos, ha trabajado durante muchos años con diferentes grupos étnicos nativos de Canadá. Hace algunos años él (que no era indígena) caminaba con una anciana aborigen, una mujer menuda que medía menos de un metro y medio, que, al cabo de un rato, le miró y le dijo: «¿Sabes? Si fueras de nuestra cultura, te consideraríamos un anciano». A esta mujer le bastó con caminar junto a mi amigo Bob para saber, de algún modo, que estaba en presencia de la sabiduría. Esta historia refleja el proceso que desarrollamos en este libro. Pedimos a la gente que pensara en el *camino de su vida* y nos dijera *una* persona que considerara un *anciano sabio*.

Las 235 personas que entrevistamos tenían edades comprendidas entre los 59 y los 105 años. Aunque mayoritariamente eran de América del Norte, pertenecían a grupos étnicos, religiones y culturas diferentes, a tres generaciones distintas, eran de diversos lugares de origen y estatus profesionales. Desde barberos y profesores a empresarios y amas de casa, pasando por jefes indígenas y artistas, buscamos la respuesta a estas preguntas: ¿Qué debemos descubrir sobre la vida antes de morir? ¿Qué nos pueden enseñar los que han vivido la mayor parte de su vida?

¿Por qué personas mayores de sesenta años?

Cuando empezamos las entrevistas, la edad mágica no eran los sesenta años. Comenzamos entrevistando a gente de más de cincuenta. Después de las primeras veinticinco entrevistas, los tres entrevistadores comentamos nuestra experiencia hasta el momento. Todos expresamos que habíamos detectado una gran diferencia entre las entrevistas a los mayores de sesenta y a los menores de esa edad. La mejor forma de describirlo era que nos parecía que cerca de los sesenta las personas empezaban a reflexionar sobre sus vidas. Era casi como si los menores de sesenta estuvieran tan inmersos en la experiencia de vivir que todavía no pudieran distanciarse de ella. Sin embargo, con el tiempo empecé a creer que quizás había alguna explicación más bella y misteriosa para que esas personas mayores de sesenta parecieran más sabias. A lo mejor hay una conexión mística y evolutiva entre la edad y la sabiduría. A lo mejor reflexionamos cuando envejecemos para poder transmitir lo que hemos aprendido antes de morir. Lo que descubrimos es que en algún momento muy próximo a los sesenta años, los humanos empiezan a reflexionar sobre su vida mientras aún la viven, y esto puede explicar lo que llamamos la *sabiduría de la edad*. Como escribió el poeta Czeslaw Milosz: «La paz que sentí es como si hubiese saldado mis cuentas pendientes y estaba asociada a la idea de la muerte». Sea cual sea la razón, todos nos dimos cuenta de la diferencia, y centramos nuestros esfuerzos en los mayores de sesenta.

Eso no significa que no haya muchas personas menores de sesenta años que tengan sabiduría. De hecho, la premisa de este libro es que podemos descubrir y vivir los cinco secretos a cualquier edad. Sin embargo, sentíamos que hablar con personas que tuvieran la capacidad de reflexionar sobre su vida nos proporcionaría unos puntos de vista únicos. Además, a veces no es hasta el final de la vida cuando se puede estar seguro de si se ha encontrado la felicidad. Algunas personas parecen muy felices y satisfechas a los treinta, pero acaban amargadas e infelices, de manera que pensamos que lo mejor era hablar con gente que se encontrara en la recta final de su vida.

Al acabar las conversaciones, lo que obtuvimos fueron cinco secretos muy definidos que tenemos que conocer sobre nuestra vida antes de morir. Aunque el grupo de entrevistados era bastante diverso, descubrimos que los cinco secretos estaban presentes, de forma significativa, en grupos con características que a menudo nos separan (religión, etnia, cultura, sexo y estatus socioeconómico).

Cuando hablamos sobre lo que realmente importa y lo que da sentido a nuestras vidas, parece que hay un viaje común que no está sujeto a nuestro credo o cultura.

George Bernard Shaw escribió: «La juventud es maravillosa; lástima que se desperdicie dándosela a los jóvenes». Creo que quería decir que normalmente se tarda toda una vida en descubrir cómo vivir y a menudo ya estamos llegando al final cuando aprendemos lo que importa de veras. Por lo tanto, no tenemos por qué esperar a hacernos mayores para descubrir el conocimiento, para saber lo que importa, y por eso os invito a acompañarme y escuchar las historias de las 235 personas que me mostraron los cinco secretos.

3

El primer secreto:
sé coherente contigo mismo

«Muchos se pasan la vida pescando sin darse cuenta
de que no son peces lo que buscan.»
HENRY DAVID THOREAU

Poder hablar con varios centenares de personas sobre el significado de la vida fue para mí un gran don y también un reto. Las historias que nos contaron fueron profundas, interesantes y a menudo conmovedoras. Nunca dimos las preguntas por adelantado a los entrevistados, por lo que a menudo las personas que entrevistábamos descubrían cosas que ya sabían a un nivel subconsciente a medida que hablaban. A veces, me parecía presenciar cómo esas personas sabias sacaban a la luz los secretos de su propia felicidad. En otros momentos, estaba claro que las verdades que estas personas compartían conmigo no les resultaban nuevas; no sólo las habían aprendido hacía mucho, sino que también las habían compartido con otros de alguna forma durante muchos años.

El reto al que nos enfrentábamos era encontrar los temas comunes en las muchas historias que escuchamos. La gente describía las mismas cosas con palabras muy distintas. Me recordaba un juego de cuando era niño en el que hay que pasar un secreto por una fila de personas, y cada una lo susurra a la siguiente, hasta que el mensaje original a duras penas se puede reconocer cuando llega al final. Tenía que escuchar atentamente más allá de las palabras y de las historias concretas para dejar al descubierto el denominador común de sabiduría.

Una pregunta obvia era si había algo que destacara de forma visible, un secreto que tuvieran claro para obtener la satisfacción y la felicidad.

Creo que existe este secreto y es lo primero que debemos descubrir sobre la vida si queremos vivirla con sabiduría.

Había un conjunto de palabras e ideas que salían a relucir una y otra vez. La gente repetía cosas como «tienes que hacer caso a tu corazón», «tienes que ser coherente contigo mismo», «tienes que saber quién eres y por qué estás aquí» y «tienes que saber qué importa». Lo que separa a los que viven bien y mueren felices de la mayoría de nosotros es que se preguntaban continuamente a sí mismos si llevaban la vida que deseaban y seguían los dictados de su corazón para conseguir la respuesta. El primer secreto es *ser coherente con uno mismo y vivir con un propósito*.

Tomar la decisión de vivir despiertos

Si tenemos que seguir los dictados de nuestro corazón y ser coherentes con nosotros mismos, primero debemos tomar la decisión de vivir despiertos. Pero ¿qué significa vivir despiertos? Sócrates dijo que no vale la pena vivir una vida sin revisarla. Hay otra forma de expresarlo: a menos que revisemos continuamente nuestra vida para asegurarnos de que vamos por el camino correcto, hay muchas probabilidades de que acabemos viviendo la vida de otro, es decir, que lleguemos al final de la vida y nos demos cuenta de que hemos seguido un camino que no era el nuestro.

De todas estas personas aprendí que la sabiduría significa reflexionar más, preguntar una (y otra) y otra vez si nuestra vida va en la dirección correcta y realizar ajustes continuos para acercarnos más a la vida que deseamos llevar. A diferencia de las personas que entrevistamos, mucha gente lleva una vida sin ningún tipo de reflexión, se limitan a experimentar y muy pocas veces se preguntan cómo pueden acercarse al camino que quieren seguir.

Una mujer de 72 años llamada Elsa hizo un resumen muy acertado de este planteamiento. Cuando le pedí que diera un consejo a la gente más joven que ella para poder encontrar la felicidad y el sentido de la vida (una pregunta que hacíamos a todos), dijo: «No puedo. Para poder explicar a una persona el secreto de la felicidad, tendría que sentarme con ella, mirarla profundamente a los ojos, averiguar quién es, descubrir cuáles son sus sueños. Lo digo porque el secreto para encontrar la felicidad es ser coherente con uno mismo». Cada uno de nosotros tiene un camino que le mantiene fiel a sí mismo, y si lo seguimos, encontramos la felicidad. La pregunta que se hacen las personas felices no es si se centran en lo que realmente importa, sino si se centran en lo que realmente les importa a ellas.

Tres preguntas que son realmente importantes

Pero ¿cómo vivimos fieles a nosotros mismos? El secreto es vivir con un propósito y hacernos con regularidad y coherencia tres preguntas vitales:

- ¿Sigo los dictados de mi corazón y soy coherente conmigo mismo?
- ¿Mi vida está centrada en las cosas que realmente me importan?
- ¿Soy la persona que deseo ser en el mundo?

George tenía setenta años y era profesor de física jubilado. Durante casi cuarenta años enseñó a alumnos de diferentes generaciones, de modo que era lógico que le preguntara qué había observado sobre la vida al enseñar a esos miles de estudiantes. Me contó que se había dado cuenta de que «había una diferencia abismal entre los alumnos que seguían los dictados de su corazón y los que no». Me contó que algunos estudiantes perseguían el sueño de otra persona, quizá de sus padres, o simplemente habían ido a parar a un campo que no resultaba adecuado para su verdadera personalidad. Esos estudiantes siempre tenían dificultades. Pero otros «seguían los dictados de su corazón y, aunque no fueran alumnos brillantes, conseguían superar los obstáculos. Años después, al encontrarme con muchos de estos estudiantes, veía que los que habían seguido los dictados de su corazón habían salido adelante, pero los que no, habían continuado teniendo dificultades toda su vida». Del mismo modo que George observó este hecho en sus estudiantes, yo constaté esta distinción entre los entrevistados. Cuando sigues los dictados de tu corazón, la diferencia es abismal. Observaba una y otra vez las consecuencias de ser coherente con uno mismo y la amargura que nos invade cuando no somos capaces de serlo.

A menudo empezamos a no ser coherentes con nosotros mismos desde muy jóvenes, cuando en vez de preguntarnos lo que queremos hacer con nuestras vidas nos comparamos con los demás. Una de las personas que entrevisté, Antony, era un actor de 85 años que todavía dirigía y actuaba. Durante casi setenta años había seguido el camino que creía más adecuado para él: actuar y entretener. Incluso ahora su médico le decía: «Hagas lo que hagas, no lo dejes, porque funciona». Antony dijo: «Lo único que he hecho es ser coherente conmigo mismo».

Me contó que cuando era muy joven siempre estaba observando a los chicos que iban a los cursos superiores. Cada año escogía a uno y pensaba: «Quiero ser como él». Entonces, un día se dio cuenta de que no era ninguno de aquellos chicos. El camino hacia la felicidad no era decidir cuál de ellos quería ser, sino determinar cómo era más coherente consigo mismo. «No intentes ser como otra persona —me aconsejó—, sólo asegúrate de que eres tú mismo.»

Hace muchos años, una revista dijo de mí que era «una de las personas con más probabilidades de convertirse en el nuevo Tom

Peters». Tom Peters es un gurú empresarial conocido sobre todo por su libro *En busca de la excelencia*. Un par de años después de que se publicara ese artículo, me encontré con varias personas que me habían preparado una gira nacional de conferencias. Me pidieron que les dijera qué me hacía diferente. Les hable de la portada de la revista y de cómo me habían considerado el sucesor más probable de Tom Peters. En cuanto dije estas palabras, el presidente de una de las empresas de seminarios más importantes del mundo frunció el ceño y me dijo con brusquedad: «No quiero que seas el próximo Tom Peters; ya hay uno. Quiero que seas el primer John Izzo». Creo que me estaba aconsejando del mismo modo que George lo había hecho con sus estudiantes. La primera pregunta siempre debe ser: «¿La vida que llevo es coherente conmigo mismo?» Estas palabras me han resultado muy útiles y me han servido para buscar lo que me hace único en vez de intentar imitar a otros.

¿Tu vida no da en el blanco?

Cuando era joven, fui a un seminario protestante y estudié griego y hebreo antiguos. En la Biblia, la palabra *pecado* proviene de una antigua palabra griega tomada del tiro con arco. La palabra significa literalmente «no dar en el blanco», como cuando la flecha no acierta en la diana. El mayor pecado es no dar en el blanco de lo que deseas que sea tu vida. Por eso Wordsworth, el gran poeta inglés, escribió en *El preludio* que debía convertirse en un poeta, «de lo contrario cometería un gran pecado». Así pues, vivir con un propósito significa preguntarse: ¿Cuánto se acerca mi vida a la diana?

Ser coherente con uno mismo se puede dividir en dos ámbitos. Primero, el ámbito diario: ¿Llevo una vida fiel a mi espíritu? Me gusta decir a la gente que el problema de la vida es ¡que es algo demasiado cotidiano! Una vida feliz y con significado es la acumulación de muchos días felices. Lo que tuve claro al escuchar todas las historias de la vida de esas personas es que la gente sabia entiende lo que es un buen día (es decir, un buen día para ellos). Mi abuelo, que, como ya he dicho, fue uno de los ancianos sabios en mi vida, solía hablar de un «cansancio positivo» al final de un día determinado. Lo contraponía al «cansancio negativo». Me contó que el «cansancio positivo» era cuando vivías centrándote en lo que realmente te importaba. El «cansancio negativo», en cambio, se suele producir incluso cuando parece que estamos ganando, pero nos damos cuenta de que no somos fieles a nosotros mismos. Me parece que el primer elemento para conocerse es averiguar lo que significa para nosotros un «cansancio positivo».

Una de las formas de hacerlo es simplemente reflexionar más. Cuando tengamos un día con un «cansancio positivo», debemos darnos cuenta de los elementos auténticos de ese día, de lo que ha contribuido a nuestra satisfacción. Cuando acabemos el día con un cansancio negativo, podemos reflexionar sobre los elementos que nos han llevado a terminar así el día.

Después de haber practicado esta sencilla técnica durante algún tiempo, me he dado cuenta de varias cosas. Los días en que he experimentado un cansancio positivo casi siempre he salido en algún momento. Incluso un paseo de quince minutos por el parque marca una gran diferencia. Los días en que he sentido un cansancio positivo casi siempre había hecho un hueco para estar con gente, especialmente familiares y amigos. No notaba que mi trabajo fuese una obligación; por el contrario, me centraba en distinguirme en el trabajo y hacía un poco de ejercicio durante el día. Sin embargo, los días en que he notado un cansancio negativo me he centrado todo el rato en hacer cosas; sin tiempo para los amigos o la familia, sin tiempo para leer o aprender. Al observar y reflexionar sobre estas simples diferencias, puedes tener más días de cansancio positivo. Es un patrón que vi repetirse una y otra vez entre las personas que entrevistamos: esas personas saben qué las hace felices y lo convierten en una prioridad.

Casi toda mi vida he jugado a tenis. Cuando estoy en una cancha, pierdo la noción del tiempo, lo cual no es una mala definición de la idea de Joseph Campbell de «perseguir la felicidad». Hace un par de veranos fui a un cursillo de tenis y un instructor me dio un gran consejo. Dicen que la mayoría de la gente no piensa en nada mientras juega. Si ganan un punto se sienten eufóricos y luego frustrados cuando pierden el siguiente. La mayoría de jugadores no piensa en por qué gana o por qué pierde. En el cursillo enseñaban una técnica sencilla que consistía en hacerse tres preguntas después de cada punto: ¿He ganado o he perdido? ¿Por qué he ganado o he perdido? ¿Qué quiero cambiar en el siguiente punto en función de lo que he aprendido? Mi tenis mejoró, al igual que mi vida.

Imagínate que al terminar cada día nos hiciéramos estas tres preguntas: ¿Hoy siento un cansancio positivo o negativo? Si es positivo, ¿cuáles han sido los elementos que lo han hecho así? Y si el cansancio es negativo, ¿qué elementos han contribuido a esa sensación? ¿Hay algo que quisiera hacer de otro modo mañana en función de lo que he observado hoy? Imagina que te formularas estas preguntas cada semana de tu vida, cada mes, cada año. Nuestra vida se acercaría cada vez más a nuestra *diana*.

Evidentemente, seguir los dictados del corazón y ser coherente con uno mismo también implica hacerse preguntas más importantes. ¿Mi vida profesional y mi trabajo en el mundo representan mi verdadero yo? ¿Toda mi vida es realmente mi *camino*? ¿Soy el tipo de persona que quiero ser en el mundo?

La búsqueda del destino

Una de las personas que entrevisté, Juana, es una hispana de unos sesenta años. Su familia emigró desde Nicaragua a Estados Unidos cuando sólo tenía tres años; como ella misma dice, «vinieron literalmente en un barco bananero». Me habló de lo importante que es el destino en su cultura. Todos tenemos un camino marcado y nacimos para seguirlo. No es un concepto de destino fatalista (no se trata de que una persona esté destinada a ser presidente y otra a fracasar), sino que se parece más a la idea sánscrita de *dharma*, según la cual todos tenemos una esencia verdadera.

Se han usado otras palabras para describir esta idea, como «perseguir la felicidad», que he mencionado antes. Son formas distintas de decir lo mismo: que todos tenemos un camino con el que somos más coherentes con nosotros mismos y, cuando lo seguimos, podemos conseguir la felicidad. Pero ¿qué significa seguir los dictados de nuestro corazón? Y, más importante aún, ¿cómo sabemos si los estamos siguiendo?

Seguir los dictados de tu corazón significa muchas cosas: significa realizar un trabajo que satisfaga tus inquietudes más profundas; ser coherente contigo mismo en el tipo de vida que escoges (y honesto con lo que quieres), y tomarte tu tiempo para escuchar la vocecita interior que nos dice si no damos en el blanco de nuestros más profundos deseos.

William, de 73 años, es escritor, investigador y asesora a personas que se enfrentan a cambios radicales en sus vidas. Me contó que gran parte de su sensación de felicidad provenía de saber que era fiel a sí mismo. «He alcanzado muchas de mis metas en un determinado concepto del destino. Para mí el destino no tiene que ver con el lugar donde acabas, sino con el camino que sigues. Todos nacemos con un camino para el que estamos predestinados, no un lugar en el que acabar, sino más bien un determinado conjunto de experiencias que estoy predestinado a tener mientras esté aquí.» Continuó con su explicación y comentó que había momentos en los que experimentaba una intensa sensación de estar siguiendo su destino, como cuando «tenía ocho años y estaba tendido sobre la hierba observando las hormigas y vi que vivían en una escala diferente a la mía, y experimenté una profunda sensación de misterio al intentar averiguar cómo debía ser aquello. Sabía que intentar averiguar cosas era parte de mi destino. Después de momentos como ése, el cielo no cambia de color, pero es algo tan sólido como un don de Dios».

Tom tenía unos sesenta años cuando le entrevisté. Es un nativo metis que creció en las praderas occidentales de Canadá. Los metis son una tribu descendiente de indígenas canadienses que se casaron con comerciantes franceses. Cuando tenía 13 años, tuvo una experiencia que cambió su vida. No era algo insólito entre las personas que entrevisté. Muchas podían indicar un momento crucial de su vida en el que reconocieron quiénes eran realmente y por qué estaban aquí.

En su adolescencia, a Tom y a algunos de sus amigos les encantaba patinar en un gran lago de la reserva indígena. A principios de invierno, y con 14 años, sus amigos y él fueron un día a patinar. Antes de salir del poblado, algunos ancianos les avisaron de que el lago no estaba del todo helado, pero ellos, con la sensación de invulnerabilidad que proporciona la juventud, hicieron caso omiso de las advertencias. «Nos dirigimos a un lugar situado más allá de lo que llaman la Isla Grande y patinamos casi toda la tarde. Recuerdo que al regresar pasamos por una gran grieta en el hielo, una grieta que aparecía todos los años, por lo que no le dimos mucha importancia.»

Cuando empezó a oscurecer, los cuatro adolescentes regresaron al poblado. Al llegar a la grieta, sus tres amigos la atravesaron con cuidado, pero Tom se detuvo antes. Gritó a sus amigos que le miraran y, después de tomar carrerilla con todas su fuerzas, saltó por encima de la grieta, pero al aterrizar el hielo se rompió bajo sus pies. De repente, estaba dentro del lago helado, bajo el agua. Miró hacia arriba y nadó hacia el agujero por el que se había hundido. Intentaba aferrarse al hielo mientras gritaba a sus amigos. De uno en uno todos intentaron ayudarle, pero cada vez que trataba de trepar por el hielo, éste se rompía de nuevo y él volvía a caer al agua.

Cansado y temblando de frío, contempló cómo sus amigos se iban al poblado a buscar ayuda. Intentando aferrarse al hielo por última vez, vio cómo el último de sus amigos se marchaba. Tom se hundió en las aguas heladas. Sintió que su vida se apagaba. Al mirar hacia arriba, sólo vio la oscuridad, ya que había perdido de vista el agujero en el hielo.

«Me di cuenta de que iba a morir. Por alguna razón, en ese momento sólo podía pensar en los árboles que rodeaban el lago. Eran álamos, y mi pueblo los llama álamos temblones porque tienen hojas pequeñas que, al agitarlas el viento, parece que todo el bosque tiemble. A medida que veía cómo la vida me abandonaba, sólo podía pensar en los álamos temblones y que nunca más los volvería a ver. Cuando estaba a punto de rendirme, sentí que los árboles me llamaban, eché un último vistazo y encontré un agujero redondo en el hielo que no estaba allí hacía sólo un momento. Me estiré para agarrar el hielo y no se rompió. Pude ver al último de mis amigos que todavía no estaba muy lejos y le grité que me ayudara. Volvió hacia mí, me lanzó su chaqueta para que me agarrase a ella y me arrastró hasta un lugar seguro.»

En aquel momento, simplemente se sentía agradecido por estar vivo. Poco después empezó a hacerse preguntas sobre su experiencia: «Me preguntaba una y otra vez por qué pensé en los árboles mientras moría. ¿Por qué no pensé en mi familia, mis padres o mis abuelos? Sólo podía pensar en los árboles, esos álamos temblones, y que nunca más los volvería a ver. Es un misterio que me obsesionó durante mucho tiempo».

Casi veinte años después compartió su experiencia con una sanadora, quien le contó que los árboles le habían salvado porque su destino era dirigir las ceremonias. En su tribu, los álamos eran una parte esencial de algunas ceremonias sagradas. La sanadora le dijo: «Naciste para ser un sanador». Tom se dio cuenta de que toda la vida había sentido la vocación de convertirse en un líder espiritual, pero la había ignorado completamente. En ese momento vio su destino, su verdadero camino. Cuando se convirtió en líder de las ceremonias, le concedieron su nombre *espiritual*: Búfalo Blanco Erguido. Desde entonces, y a lo largo de los últimos treinta años, Búfalo Blanco Erguido ha encontrado realmente el sentido de su vida al dirigir danzas y convertirse en guía espiritual. Seguía ganándose la vida con otras cosas, pero dirigir las ceremonias y ser un guía para el resto de la gente pasó a ser el origen real del sentido de su vida.

Me parece que todos tenemos un álamo temblón en el lago de nuestra vida, algo que le da sentido. Cuando prestamos oído a nuestros anhelos, encontramos la felicidad y el sentido de la vida; cuando los ignoramos, sentimos un agujero en nuestro corazón, como el agujero de ese lago helado, que no se puede llenar. Nos aferramos a la felicidad, y cada vez se nos rompe en las manos como el frágil hielo del lago. Para algunas personas, el verdadero camino se revela como se le reveló a Tom, con una experiencia, pero para la mayoría de nosotros el proceso para descubrir quiénes somos es mucho más sutil y tiene lugar con el tiempo.

Cuando decidí entrevistar a personas sobre sus vidas, uno de los individuos que me vino de inmediato a la mente fue Bob (que tenía casi sesenta años). En el capítulo anterior, he contado que Bob trabajó durante muchos años con pueblos aborígenes y que una anciana le había dicho: «Si fueras de nuestra cultura, te consideraríamos un anciano». Me comentó que fue el cumplido más grande que jamás le han dedicado. Yo sabía muchas cosas de la vida de Bob, pero la entrevista reveló un viaje interior que ejemplifica lo que pasa cuando eres coherente contigo mismo. Su madre era ornitóloga y su padre jardinero. Cuando era joven, le dieron a elegir entre dos actividades para sus ratos de ocio. «Me dijeron que podía salir y jugar fuera o que podía subir a mi habitación a leer libros, y yo hice las dos cosas.» Pasaba mucho tiempo en contacto con la naturaleza, observando a los animales, sobre todo a los pájaros. En su habitación, leía libros sobre la naturaleza y los pájaros. Desde muy pequeño se sentía como en casa al aire libre. El mundo natural le fascinaba y le hacía muy feliz. Cuando tenía unos diez años, un día le dijo a su madre que «sería biólogo», aunque ahora reconoce que probablemente no sabía muy bien lo que eso significaba.

Siguió su instinto. Aunque ha trabajado para el Gobierno, para organizaciones sin ánimo de lucro y como voluntario, el denominador común ha sido la naturaleza. Ahora observa con gran satisfacción el trabajo de una vida dedicada a preservar lugares vírgenes. Desde el principio su objetivo fue la naturaleza, y cuando estaba en contacto con ella, sentía que ése era su álamo temblón.

A veces puede ser un regalo observar de joven las consecuencias que tiene no ser coherente con uno mismo. El padre de Bob era un famoso anestesista, y cuando Bob tenía unos veinte años, el hospital donde trabajaba dio una fiesta para celebrar que su padre había realizado la anestesia número veinte mil. Cuando volvían a casa, Bob le preguntó qué se sentía al conmemorar todos esos años dedicados a la medicina. Su padre le contestó: «Hubiera preferido ser contable. De hecho, hijo, lo que más me ha gustado de ser médico es llevar mis propias cuentas». Para él fue una sorpresa darse cuenta de que su padre *no había seguido los dictados de su corazón*. Ejercía todo el día la medicina, pero sólo perdía la noción del tiempo cuando ponía al día las cuentas de su consultorio. «En ese momento decidí que si alguien me preguntaba qué me parecía ser X, no quería tener que decir que hubiera preferido...» Esa imagen obsesionaba a Bob, que se mantuvo fiel a su promesa.

Su vida también ilustra la importancia que tiene conocerse a uno mismo más allá del ámbito profesional y por qué la idea de vivir con un propósito y conocerse a uno mismo es un secreto tan importante. Durante muchos años me extrañó que Bob y Mary no tuvieran hijos, pero por educación nunca les pregunté nada. Pensé que quizá tenían algún tipo de problema médico y no quería que mis preguntas les infligieran un dolor innecesario. Cuando entrevisté a Bob, dijo: «Mary y yo no tenemos hijos porque así lo hemos decidido. Al principio de nuestra relación le dije que si teníamos hijos sería ella quien tendría que ocuparse de ellos. Mi camino era mi trabajo, y no quería que ningún niño me impidiera hacer el trabajo que sabía que estaba destinado a hacer, que era proteger la naturaleza. Mary opinaba lo mismo y tomamos juntos esa decisión».

Las recetas para una vida feliz, cuando incluyen ingredientes necesarios para la felicidad, pocas veces resultan útiles. Entrevisté a personas que sentían la vocación de ser padres o madres; éste era su verdadero camino y seguir ese camino les hizo muy felices. Mi mujer, Leslie, es una de esas personas; es por naturaleza una persona que desea cuidar a los demás, y tanto en la familia como en su trabajo como enfermera siguió su verdadero camino. Si no hubiera tenido hijos, no hubiera vivido su destino. Pero en otros casos, como el de Bob, pasa justo lo contrario. Al reflexionar y escuchar la voz de su corazón, supo que no estaba hecho para tener hijos.

Las consecuencias de no seguir los dictados de tu corazón pueden resultar devastadoras para los demás y para ti mismo. Uno de mis mejores amigos siempre había creído que su madre pensaba que sus hijos eran un inmenso estorbo. Lo hacía lo mejor que podía, pero no le salía de dentro. Aunque mi amigo era un niño, se dio cuenta de cómo su madre parecía resistirse a cumplir con su papel. En aquel momento le hacía sentir que no lo quería. También sabía que en la relación entre sus padres nunca había habido mucho amor. Su padre tenía problemas con el alcohol.

Con treinta y tantos años, fue a visitar a su madre. Ahora, con la mirada de un adulto, podía ver el dolor que la afligía. Su visión de la vida estaba teñida de amargura. Con valentía y compasión, mi amigo le dijo: «Mamá, nunca quisiste tener hijos, ¿verdad?» Al cabo de unos minutos de silencio, ella le respondió: «Hijo, he cometido dos grandes errores en mi vida. El primero fue irme de Escocia. Me encantaba. El segundo fue casarme con tu padre y tener hijos». Mi amigo no sintió rabia en su corazón, sino una extraña mezcla de alivio y profunda compasión. Sintió alivio porque se había dado cuenta de que su instinto estaba en lo cierto. Nunca pudo hacer nada para que su madre le quisiera más; no tenía nada que ver con él. También sintió compasión. De repente, comprendía a su madre, que no había seguido los dictados de su corazón, y a su padre, cuyos problemas con la bebida quizás habían surgido, en parte, después de años de vivir con una mujer que se casó con él sin hacer caso a su corazón, sino a las voces del deber. Sin embargo, por cada persona que ha tenido hijos cuando no era su pasión, hay alguien que ha dedicado su vida al trabajo cuando de hecho tener hijos habría sido una parte importante de ser coherente consigo mismo.

Para seguir los dictados del corazón, hace falta valor

Seguir los dictados de nuestro corazón puede suponer acallar otras voces que quieren que sigamos sus sueños. Ron, que tenía unos setenta años cuando nos conocimos, había crecido en una familia en la que todos eran médicos. Su tío había sido un respetado médico de la comunidad y, cuando Ron decidió estudiar medicina, tanto sus parientes como sus amigos aplaudieron su decisión. Justo antes de que entrara en la facultad de medicina, fue a visitar a un quiropráctico como paciente. Durante el tratamiento, conoció una disciplina que creía en el poder del propio cuerpo para curarse. Reafirmaba el valor del tacto, que le atraía de forma intuitiva. «Me sentí atraído de inmediato hacia esta profesión y noté que encajaba conmigo. Sabía que seguía los dictados de mi corazón al hacerlo. Pero la quiropráctica resultaba algo enigmático en esa época, de manera que cuando anuncié mis intenciones, mis amigos se burlaron de mí. Decían: "¿Así que ahora te vas a convertir en curandero?" Pero yo sabía que ése era mi camino, así que hice caso omiso de sus voces.»

Ser coherentes con nosotros mismos a menudo implica oír la voz que nos llama, aunque los demás no puedan oírla. Ron siguió explicando que, más adelante, después de dejar una vida profesional de éxito como quiropráctico para ser un «sanador energético», se enfrentó al mismo tipo de resistencia. Una vez más, sabía que era el camino que debía seguir. «Toda la vida he sabido lo que tenía que hacer. Creo que le pasa lo mismo a la mayoría de la gente: lo saben, pero tienen que tener el valor de actuar.» También me contó que había dos elementos clave para seguir los dictados del corazón: *tener la disciplina necesaria para escuchar y el valor de continuar.*

Al escuchar la historia de Ron me puse a pensar en mi propio camino. Empecé a trabajar como pastor y fui a parar al mundo empresarial cuando dejé la parroquia. La decisión de entrar en el mundo de los negocios no fue del todo intencionada. Como necesitaba un empleo, y me fascinaba el papel que desempeñaba el trabajo en la vida de algunas personas, me adentré en el campo de la gestión del desarrollo y me di cuenta de que valía para ello. Sin embargo, durante la década siguiente, eché de menos algo. Me había hecho pastor, en parte, por el deseo de hablar con la gente sobre el sentido de su vida y sobre los problemas del mundo (la paz, la ecología, etc.). Con el tiempo, el mundo empresarial me resultaba cada vez menos interesante, aunque me proporcionaba unos importantes ingresos y yo hacía bien mi trabajo. No es que no fuera gratificante, que lo era y todavía lo es, sino que también quería escribir y hablar sobre cosas más profundas. Había un sinfín de personas que me recomendaban que fuera práctico, que profundizara en mi trabajo de gestión del desarrollo. Sin embargo, seguía oyendo la voz que había estado ahí toda la vida, la que había hecho que como primera opción eligiera ser pastor. Sabía que el verdadero camino para mí era explorar el significado de la vida y la sabiduría.

Empecé a integrar cada vez más el significado personal, las relaciones de amor y nuestra responsabilidad respecto a las futuras generaciones en mi trabajo con las empresas. No sólo aumentó mi éxito exterior, sino que, algo mucho más importante, la sensación de ser coherente conmigo mismo me produjo una profunda satisfacción.

Por eso, en parte, llevé a cabo este proyecto. Y, como sospechaba, saber si tendría éxito o fracasaría en esta empresa cada vez resultaba menos importante. Como había dicho mi abuelo, un «cansancio positivo» era cuando habías sido coherente contigo mismo, y podías tener un «cansancio negativo» aunque pareciese que estabas ganando.

Esta situación hace que surja una pregunta evidente: ¿Seguir los dictados del corazón significa dar la vuelta a tu vida e ir en una dirección completamente nueva? Lo que descubrí en las entrevistas es que en algunos casos debemos hacer un cambio radical en nuestras vidas para seguir los dictados de nuestro corazón. Ron tuvo que abandonar la facultad de medicina para llegar a ser quiropráctico. Sin embargo, a menudo la gente que entrevisté hizo cambios graduales y poco a poco fue siguiendo su verdadero camino.

Tom, por ejemplo, el hombre que había caído en el lago helado cuando era adolescente, no abandonó su trabajo *diario* cuando, a los treinta años, se dio cuenta de que su verdadero camino en el mundo era ser sanador. Empezó a estudiar para poder dirigir las ceremonias de curación y dedicó cada vez más tiempo a esta labor. Actualmente, aparte de su familia, dirigir las ceremonias es lo más importante de su vida, aunque nunca ha sido la fuente principal de sus ingresos. Con los años simplemente ha hecho que la tarea de sanar ocupe un lugar más destacado y central de su vida.

Jackie, de 66 años, empezó a trabajar en el mundo de la banca desde muy joven y con bastante éxito. Cuando tenía aproximadamente cuarenta años, asistió a una sesión de trabajo en grupo en la que pidieron a los participantes que se presentaran diciendo por qué trabajaban en el mundo de la banca. Cuando fue su turno, dijo: «Bueno, he trabajado en este sector veinticinco años, pero siempre he querido ser profesora. Los negocios eran la pasión de mi padre». Las palabras surgieron de la nada y su claridad la sorprendió. «Me desconcertó. No es que no me gustara trabajar en el banco, pero siempre había sabido que me faltaba algo.»

Durante semanas sopesó las opciones. Tenía una gran carrera profesional en el banco y un estilo de vida acorde con su trabajo. En vez de dejarlo todo, empezó a trabajar de voluntaria como tutora los fines de semana en un centro local para niños. Después de muchos meses de voluntariado, se enteró de que su banco financiaba una organización local que ayudaba a niños con problemas de aprendizaje. Se puso en contacto con la organización y le dijo al director que quería estar implicada en esa parte del trabajo del banco. Con el tiempo, se convirtió en la responsable del banco en las relaciones con la organización y (por cuenta del banco) realizó tres expediciones a África como parte de ese trabajo. «Como me di cuenta de lo importante que era la enseñanza para mí, pude integrarla en mi vida mientras seguía trabajando aquí.»

A veces, estas decisiones resultan difíciles y nos pueden atormentar durante algún tiempo. A mi amigo Gus le encanta la fotografía, pero se gana la vida como jefe de obra. Aunque le gusta su trabajo, fotografiar la naturaleza se ha convertido en su álamo temblón, como convertirse en guía espiritual lo era para Búfalo Blanco Erguido. Puede que algún día Gus deje la construcción o quizá simplemente dedique más energía a la fotografía después del trabajo. A lo mejor algún día consigue vivir de ello o siempre será un pasatiempo importante, pero sólo si mantiene la fotografía como un elemento central en su vida encontrará la felicidad. Es su destino.

Por lo tanto, el secreto que aprendí de las entrevistas con todas esas personas es que *nunca hay que dejarse de preguntar si estamos siguiendo los dictados del corazón*, si nuestra vida es realmente nuestra. Lo que aprendí es que si te sigues haciendo esa pregunta, si cada vez estás más cerca del objetivo, encontrarás la felicidad. Esta gente no dejaba de hacer preguntas, y como los marineros que viran en alta mar, no dejaban de hacer pequeños ajustes en un amplio horizonte para poder acabar finalmente donde deseaban estar.

Ron, el hombre que decidió convertirse en quiropráctico, lo expresó de este modo: «Tienes que seguir los dictados de tu corazón, porque negarlos es negarlo todo. Por supuesto que cometerás errores, pero si te mantienes fiel a ti mismo, te acercarás cada vez más al objetivo por el que estás aquí».

A lo mejor ser coherentes con nosotros mismos no sólo tiene que ver con el trabajo o la familia o con tener hijos o con dónde vivimos. Tiene que ver con si las *imágenes* y los *momentos* de nuestra vida son coherentes con nosotros mismos.

Una de las personas que entrevisté me contó su experiencia de cuando estuvo a punto de morir, a los cincuenta años. Richard, que ahora tenía unos setenta, me explicó que mientras le hacían unas pruebas en el hospital tuvo un paro cardiaco y su corazón se detuvo durante algún tiempo. Puede recordar claramente que se encontraba *fuera* de su cuerpo y observaba desde arriba cómo los médicos y enfermeras intentaban reanimarle. Podía oír que el monitor emitía un pitido constante y al médico que decía: «Richard, quédate con nosotros, venga, quédate con nosotros».

«Siempre había oído que cuando te estás muriendo te pasa toda la vida por delante. Lo que descubrí es que no es toda tu vida, sino que ves algunas imágenes. En ese momento me di cuenta de que lo que veía me hacía sentir bien, como si hubiera sido fiel a mí mismo. Desde ese instante, nunca más he tenido miedo a la muerte. Me reconfortan esas imágenes porque lo que descubrí es que si te sientes cómodo con ellas no tendrás nunca miedo a morir.»

Creo que esto es lo que todos esperamos: saber que cuando lleguemos al final de nuestra vida habremos sido fieles a nosotros mismos, a lo que somos. Al escuchar a Richard, empecé a pensar en mi propia vida. Cerré los ojos e intenté imaginarme los momentos que pasarían frente a mí. ¿De qué me arrepentiría? ¿Qué desearía encontrar en esas imágenes que todavía no hubiera sucedido?

Una de las cosas que debemos hacer para ser coherentes es tener la disciplina necesaria para escuchar los dictados de nuestro corazón. Para ello hay que encontrar el tiempo para hacerse preguntas importantes. Lo que muchas de estas personas, a las que otros habían identificado como sabias, tenían en común, era que se tomaban el tiempo necesario para reflexionar sobre sus vidas. Sin embargo, solemos estar tan ocupados que muy pocas veces prestamos atención a las voces de nuestras almas. Mi mujer y yo siempre estábamos muy ocupados antes de que ella tuviera el derrame: dirigir la empresa, criar a los hijos, ver la televisión, viajar, ganar dinero, comprar, escribir libros; la agenda estaba siempre llena. No creíamos estar tan ocupados en esos momentos, pero el efecto más importante del derrame sobre nuestras vidas fue que lo ralentizó todo. Y al ir más despacio, empezamos a escuchar. Comenzamos a hacernos confidencias como nunca lo habíamos hecho y poco a poco empezamos a prescindir de lo que no fuera importante. A veces sólo cuando nos obligan a estar quietos empezamos a ver las cosas con mayor claridad.

A veces el universo nos obliga a escuchar

Mi amigo David tenía algo más de treinta años cuando el universo le obligó a detenerse y escuchar. Era redactor de una importante revista empresarial y llevaba una vida muy ajetreada. Demasiado ajetreada para preguntarse si era la vida que realmente deseaba tener. Un día, sentado junto a su mesa a punto de acabar la jornada laboral, sintió una ligera presión en el pecho que poco después se convirtió en un peso como el de una montaña. En urgencias, cuando estaba conectado a los monitores, pensó en su vida. Obligado a detenerse, sin ningún tipo de distracción, se preguntó si realmente estaba siguiendo los dictados de su corazón. Entonces empezó a negociar con el universo. Pensó en una cuestión muy simple: si sobrevivo a esta noche, ¿qué tiene que cambiar?

Le pidió a una enfermera lápiz y papel sin saber qué le depararían las siguientes veinticuatro horas. Con una claridad zen anotó cinco cosas:

- Jugar más.
- Adoptar a un niño.
- Compensar a los demás.
- Más tiempo con la familia.
- Crear una fundación.

«Mientras estuve tendido en cama esa noche, me pasó toda la vida por delante. No pensé que toda mi vida había ido mal, pero sabía que había momentos importantes en los que no hacía caso a los dictados de mi corazón.»

David no murió esa noche en el hospital; una semanas más tarde me llamó y me dijo: «La buena noticia es que no estoy muerto; la mala es que estoy vivo y tengo la lista». El universo le había hecho detenerse a reflexionar y le había obligado a escuchar. Ahora debía tener el valor de actuar.

¿Qué pasaba con las cinco cosas que había escrito en ese papel? Se dio cuenta de que trabajaba demasiado y de que tenía que disfrutar más de la vida. Se dio cuenta de que el sueño de adoptar a un niño era demasiado importante para postergarlo. Se dio cuenta de que quería pasar más tiempo con su familia. Ni siquiera entendía por qué había escrito «Crear una fundación». Los dos años siguientes siempre llevó consigo la lista. Adoptó a un niño. Jugó muchísimo más. Estuvo más cerca de su familia y a los dos años creó una fundación con el nombre de su padre.

Evidentemente, no tenemos que esperar a caer enfermos para escribir una lista que podríamos redactar cualquier día de nuestras vidas. En la tradición nativa del noroeste del Pacífico hay un dicho: «Hoy es un buen día para morir». Lo que significa es que hoy es un buen día para vivir al máximo. Si ahora mismo estuvieras en cama en el hospital, ¿qué anotarías en esa lista? Para ser más fiel a mí mismo, tengo que...

George, el profesor de física de 71 años que me contó que había notado una diferencia *abismal* entre los estudiantes que seguían los dictados de su corazón y los que no, me dio otro consejo como profesor. «Siempre les decía a mis estudiantes el primer día de clase: no confiéis en empollar. No confiéis en llegar al final del semestre e intentar aprender lo que deberíais haber aprendido durante meses de trabajo porque no funciona. Con la vida pasa igual. Un montón de gente jura y perjura que algún día harán caso a los dictados de su corazón y serán lo que quieren ser en este mundo. Si tienes que hacer algo, empieza ya. Si sigues los dictados de tu corazón y eres coherente contigo mismo, funciona.»

Éste es el primer secreto: *sé coherente contigo mismo.*

Aquí tienes cuatro preguntas en las que puedes pensar cada semana para ayudarte a vivir este secreto:

- ¿Este día o esta semana han sido mi tipo de día/semana? ¿Qué haría que mañana o la semana que viene me pareciesen más coherentes con mi forma de ser?
- ¿He sido el tipo de persona que quiero ser esta semana? ¿Cómo quiero ser más yo mismo mañana/la semana que viene?
- ¿Sigo los dictados de mi corazón en este momento? ¿Qué significaría para mí seguir los dictados de mi corazón ahora mismo?
- ¿Cómo quiero vivir este secreto de forma más profunda la semana que viene?

4

El segundo secreto:
no tengas nada de lo que arrepentirte

«Superar el miedo es el principio de la sabiduría.»
BERTRAND RUSSELL

«Las lágrimas más amargas que se derramarán
sobre nuestra tumba serán por palabras
que no se pronunciaron y por cosas que no se hicieron.»
HARRIET BEECHER STOWE

¿Cuál es la única cosa de la que NO nos arrepentiremos al final de nuestra vida? No estoy seguro de cómo habría respondido a esta pregunta antes de haber realizado las entrevistas, pero tengo la certeza de que ahora respondería de forma diferente.

Es probable que lo que más temamos todos sea el arrepentimiento; mirar hacia atrás y desear haber hecho las cosas de otra forma en nuestra vida. Según mi experiencia de los últimos treinta años, corroborada con estas entrevistas, la muerte no es lo que más miedo nos da. Cuando hemos tenido una vida plena y hemos hecho lo que esperábamos hacer, podemos aceptar la muerte de buen grado. Lo que más tememos es no haber vivido al máximo nuestra vida, llegar al final del camino y que nuestras últimas palabras sean «Ojalá hubiera…»

Por lo tanto, si queremos encontrar la verdadera felicidad y el sentido de la vida tenemos que poner en práctica el segundo secreto: *no tener nada de lo que arrepentirnos*. Para ello hay que vivir con valentía y avanzar hacia lo que queremos en vez de huir de lo que tememos. Para no tener nada de lo que arrepentirnos, debemos superar las decepciones inevitables que nos depara la vida.

Pedimos a todos los entrevistados que nos contaran los momentos cruciales de su vida, en los que tuvieron que tomar una decisión para avanzar en uno u otro sentido y cómo esa decisión supuso una gran diferencia respecto a cómo continuaron sus vidas. Al reflexionar sobre esos momentos, casi siempre destacaron que toda encrucijada conllevaba un riesgo, pero que tenían que avanzar para conseguir lo que querían, y dejar a un lado sus temores.

Se hizo evidente que al final de nuestra vida *no nos arrepentiremos de los riesgos* que hemos asumido sin que los resultados fueran los apetecidos. Ni una sola persona dijo que se arrepentía de haber intentado alguna cosa y no haberla conseguido. Sin embargo, la mayoría afirmó que no había corrido suficientes riesgos.

El hecho de saber que probablemente nos arrepentiremos de las cosas *que no hemos intentado* puede tener un efecto significativo sobre cómo tomamos las decisiones. Parece que no hay mucha gente que se arrepienta del fracaso; de lo que más se arrepienten es de haber optado por no arriesgarse. De hecho, muchas de las personas que entrevistamos me dijeron que lo que llamamos *errores* a menudo se convierten en las situaciones de las que más se aprende.

Una manera de formular esta idea es que *nunca podemos garantizar el éxito en nuestra vida*, dado que, cada vez que intentamos algo, existe la posibilidad de fracasar. Si amamos, siempre corremos el riesgo de que nos rechacen. Si perseguimos un sueño, existe la posibilidad de que no lo consigamos. No podemos garantizar el éxito, *pero el fracaso está asegurado si decidimos no intentar nada en absoluto*. Cuando decidimos correr un riesgo, aunque sea pequeño, puede tener grandes repercusiones en el curso de nuestra vida.

Vivir sin tener nada de lo que arrepentirse significa arriesgarse más

Donald tenía 84 años cuando hicimos la entrevista. Psicólogo de formación, había tenido una vida rica y llena de significado. Se arrepentía de muy pocas cosas. Una de las mayores fuentes de felicidad en su vida había sido estar casado durante cincuenta y seis años con su mujer, que había muerto seis años antes de la entrevista. Cuando le pregunté sobre las *encrucijadas* de su vida, pensó inmediatamente en un baile de fin de curso de hace sesenta y dos años.

«Yo era un muchacho tímido, muy tímido, especialmente cuando se trataba de hablar con mujeres. El primer año que fui a la universidad, en un baile, vi a una preciosa chica al otro lado de la sala. Llevaba un jersey de color crema, tenía el pelo suave y una maravillosa sonrisa. En cuanto la vi supe que estaba hecha para mí, era la mujer con la que me iba a casar.»

Cuando el joven Donald miró al otro lado de la sala, se dio cuenta de que era una chica popular, rodeada de otras chicas populares, y las chicas de ese tipo muy pocas veces hablan con los chicos tímidos, y menos aún bailan con ellos. Era consciente de que se arriesgaba a hacer el ridículo y quedar en evidencia si le pedía que bailara con él y ella rechazaba su oferta.

«Respiré profundamente, me fui directo hacia ella y le dije que era la mujer con la que me iba a casar. Se sorprendió por la noticia, que no pareció entusiasmarle, pero bailó conmigo de todos modos. Hubo un primer baile, y luego otro, y otro. En las siguientes semanas tuve que perseguirla con cierta insistencia para que se diera cuenta de que ese baile duraría toda la vida.»

Esta decisión tan pequeña, que tomó cuando tenía unos veinte años —la decisión de arriesgarse a un fracaso por intentar conseguir lo que quería— se convirtió en una de las más importantes de toda su vida. El matrimonio definía su vida de muchas formas, e incluso seis años después de la muerte de su mujer, me dijo que «no hay un solo día en que no note que me envuelve su presencia».

Me seguía preguntando qué hubiera pasado si el miedo a hacer el ridículo se hubiera impuesto ese día; si Donald hubiera dado por seguro su fracaso y no hubiera hecho nada. Con 84 años, ¿miraría hacia atrás y se arrepentiría de no haberse acercado a esa chica y haberlo intentado?

Evidentemente, no todos los actos de valor que llevamos a cabo acaban definiendo nuestra vida o acaban siendo un paso crucial en nuestra búsqueda de la felicidad. Pero como no podemos saber con antelación los riesgos que valen la pena, siempre nos tenemos que mover *hacia lo que queremos* en vez de *alejarnos de lo que tememos*.

Quizá sea preciso tomar una decisión sobre algo básico: si *vamos a vivir con miedo* o *nos centramos en lo que queremos*. Cada vez que optamos por lo seguro, nos alejamos de nuestro verdadero yo. Cada vez que decidimos no avanzar en la dirección que queremos, plantamos las semillas de futuros arrepentimientos.

Uno de los momentos más emotivos en las entrevistas fue cuando hablé con una mujer llamada May, de 71 años. Me contó que había empezado a escribir seis libros distintos en las últimas décadas. Pero no había terminado ninguno. Estaban guardados en su ordenador sin acabar.

Cuando le pregunté por qué tenía todos esos libros inacabados, me contestó: «Toda la vida he dejado las cosas sin terminar. Pensaba que era sólo por falta de decisión. Pero al reflexionar sobre ello, creo que no los he terminado porque si algún día lo hago tendré que dejar que alguien los lea. Y si dejo que alguien los lea, a lo mejor me dirán que no sé escribir. Supongo que es el miedo al rechazo lo que hace que no los acabe».

Me dio mucha pena. Con 71 años, y por culpa del miedo, puede que nunca terminara los libros que había tenido en su interior toda la vida. Está claro que el rechazo que temía podía convertirse en realidad, pero resulta duro imaginar algo peor que morir teniendo una historia que contar atrapada dentro de ti.

Pero muchos hacemos lo mismo. *Por miedo al rechazo o al fracaso, o porque no estamos seguros de poder triunfar, morimos con nuestros libros, nuestros sueños, nuestra historia atrapados dentro.*

Cuando le pregunté a la gente sobre el arrepentimiento y sobre el riesgo, vi que a menudo relacionaban estos dos elementos. También me di cuenta de que, en sus respuestas, no sólo se inspiraban en sus propias vidas, sino también en décadas observando lo que había sido de las vidas de los demás. Si uno vive lo suficiente, puede observar la vida de muchas otras personas, y los secretos de la vida se nos revelan en sus historias.

Paul, de 76 años, tuvo una vida profesional de éxito como consultor empresarial. Tenía muchos amigos, había trabajado en más de setenta países y había estado casado muchos años. Como parte de su trabajo, había asesorado a muchos altos ejecutivos de una gran variedad de empresas.

«Trabajé durante cinco décadas con personas que toman decisiones muy importantes. Lo que descubrí es que de lo que más se arrepienten las personas mayores al final de su vida es de no haber hecho algo, no haber tenido la oportunidad. La gente se arrepiente de lo que no ha hecho, incluso más que de lo que hicieron. El máximo temor al final de la vida es haber sido demasiado conservador y no haberse equivocado nunca.»

Ken, el barbero de 63 años de Waukon (Iowa), me contó una historia parecida, no sobre la elite empresarial, sino sobre las personas que configuraban el tejido de un pueblo del Medio Oeste. «Había una pareja en el pueblo. El marido tenía cáncer y murió al cabo de poco. Su mujer se lamentaba de no haber viajado con él o no haber hecho un montón de cosas que habían dicho que querían hacer juntos. Éste es el gran miedo que tenemos en esta vida, el habérnosla perdido.»

Aún resulta más llamativo que, cuando les pregunté a las doscientas personas qué les gustaría decirse a sí mismos de jóvenes, si pudieran retroceder en el tiempo, una de las respuestas más habituales fue que debían arriesgarse más. Como Craig, de sesenta años, que me dijo: «Lo que deseas no es haber corrido más riesgos materiales, sino sentimentales, así como el riesgo de alcanzar realmente lo que deseas en la vida».

Muchas veces en las entrevistas la gente identificó algunos momentos en los que se arriesgaron de forma significativa como pasos importantes para conseguir la felicidad. Juana, de algo más de 60 años, me habló sobre una oportunidad laboral que le surgió cuando tenía unos cincuenta. Siempre había estado implicada en los movimientos de la comunidad hispana, y cuando decidió dejar la organización en la que había trabajado durante muchos años (y al mismo tiempo irse de lo que había sido su hogar durante veintisiete años), se encontró de repente «vagando en el desierto». Entrar en el mundo del desarrollo del liderazgo en una organización que abarcaba una comunidad mucho más amplia le resultó un gran reto. «Me había pasado toda la vida en mi propia comunidad y nunca había estado frente a una audiencia que no fuera hispana; me sentía una completa novata», comentó. Como muchas de las personas a las que había entrevistado, consideraba que haber corrido ese riesgo era uno de los elementos que habían contribuido a su realización personal. «Me puse a prueba, y ahora me doy cuenta de que si hubiera sido más conservadora, me hubiera negado a mí misma todo un nuevo mundo de posibilidades.» Llegó a escribir libros sobre el liderazgo multicultural, cosa que nunca hubiera hecho desde la seguridad de su antiguo mundo.

El secreto para no tener nada de lo que arrepentirse

Esto nos plantea otra pregunta más importante: ¿Cómo nos arriesgamos más para conseguir lo que deseamos? ¿Cómo podemos vivir de tal modo que no nos arrepintamos de las decisiones que no hemos tomado?

Quizá quien más me enseñó en todo este proceso fue una mujer de setenta y tantos años que se había criado en Alemania durante la Segunda Guerra Mundial. Al reflexionar sobre su vida, me contó que las encrucijadas más importantes fueron momentos en los que tuvo que actuar con valentía y no con miedo. Por ejemplo, después de la guerra, todo era muy difícil en Alemania. A los 22 años, Elsa corrió el primero de muchos riesgos importantes en su vida: decidió irse a vivir a Canadá y empezar una nueva existencia. Por aquel entonces, no conocía a nadie en Canadá, no tenía ningún proyecto laboral y no hablaba el idioma. Me contó que, mirando hacia atrás, aunque la decisión resultó muy arriesgada en su momento, le cambió la vida.

Cuando le pregunté cómo afrontaba los riesgos importantes, me dijo: «Cuando me planteaba correr un riesgo, empezaba a imaginar lo mejor que me podía pasar al arriesgarme. Pensaba en todas las cosas que se podían hacer realidad si todo salía bien. Luego me imaginaba lo peor que podía pasar si corría ese riesgo. Me preguntaba si podría asumir el peor de los resultados y siempre sabía que sí sería capaz. Puede que me vaya a vivir a Canadá y no salga bien. Que acabe arruinada y sola; pero sabía que siempre podría volver a casa. A continuación me imaginaba el mejor de los supuestos: que empezara una nueva vida, que hiciera muchos amigos, que encontrase el amor y criase a mis hijos en ese nuevo país. Entonces retenía esa imagen. Cuando empezaba a flaquear, me imaginaba el objetivo por el que luchaba. Recordaba que alejarme de ese bien posible era mucho peor que las consecuencias de fracasar».

Muchos de nosotros vivimos de forma contraria. Cuando nos enfrentamos a un riesgo, nos imaginamos lo peor que podría pasar y eso es lo que siempre recordamos.

Quizá por eso Don se acercó a aquella chica cuando estaba en el baile de la universidad (la chica popular rodeada de sus amigas populares). Sabía que quizás hiciera el ridículo, pero no podía soportar alejarse de la mujer que pensaba que tenía que ser su esposa. En cuanto a May, la mujer de 71 años con seis libros inacabados, es posible que, si se centrara en lo mejor que le podría pasar si terminara los libros, en el sentimiento de satisfacción, esa imagen le hiciera superar el miedo al fracaso. Después de escuchar a todas esas personas, estoy seguro de que podemos superar el hecho de tener empapeladas las paredes con notas de rechazo, pero yacer en nuestro lecho de muerte deseando haber terminado los libros que empezamos y haber hecho los viajes que siempre habíamos querido es lo peor que nos podría pasar.

Cuando yo era un chico, en el Nueva York de la guerra fría, la amenaza de un ataque nuclear era muy real. Estaba en segundo de primaria cuando asesinaron al presidente Kennedy. Recuerdo perfectamente los simulacros de ataques aéreos en la escuela. Nos pasaban películas sobre pruebas nucleares y casas que estallaban y desaparecían. Cada pocos meses hacíamos simulacros de ataques aéreos como preparación para cuando llegaran las bombas. Incluso hoy recuerdo el miedo que sentía al imaginarme que un día podía estar en mi pupitre y que de repente se acabara la vida como la conocía. Cuando sonaba la alarma del simulacro, el profesor hacía que nos metiéramos todos debajo del pupitre. Siempre pensaba que aquel viejo pupitre de madera atornillado a la silla no nos resultaría de mucha protección.

Una vez, durante uno de los simulacros, un amigo mío que se llamaba Kenny se acercó a la ventana mientras el resto nos agazapábamos bajo los pupitres. El profesor le dijo: «¿Qué haces? ¡Métete debajo del pupitre!» Kenny le respondió: «Señora Brown, si me va a alcanzar de todas formas, prefiero quedarme de pie y ver el destello a ocultarme debajo el pupitre».

Muchos de nosotros vivimos toda nuestra vida ocultándonos debajo el pupitre, pensando que el rechazo y el fracaso son lo peor que nos puede pasar. Sin embargo, los más de doscientos entrevistados me han hecho llegar a una conclusión diferente: *lo que más debemos temer es arrepentirnos de no haberlo intentado.*

Elige el camino que se convierta en la mejor historia

¿Cómo evitamos arrepentirnos de nuestra vida? En la introducción del libro mencioné a una mujer llamada Margaret que me contó que había intentado vivir la vida desde el punto de vista de una mujer mayor sentada en una mecedora en el porche de su casa. Me dijo que siempre que tenía que tomar una decisión, se hacía la misma pregunta: «Cuando sea mayor y esté sentada en una mecedora pensando en mi vida, ¿qué decisión desearé haber tomado?» Me confesó que en casi todos los casos, veía con claridad qué camino debía seguir. Deena Metzger, famosa escritora y guía espiritual, lo expresó con estas palabras: «Elige el camino que se convierta en la mejor historia».

Es una forma simple pero muy interesante de llevar una vida sin tener nada de lo que arrepentirse. Siempre miramos hacia el futuro y nos preguntamos *si nos arrepentiremos del paso que vamos a dar cuando nos hagamos mayores o cuando lleguemos al final de nuestra vida.* ¿La forma en que vivo mi vida hará que después me arrepienta o no?

Cuando era más joven, tuve muchas oportunidades de hacer un sinfín de cosas interesantes. Al escuchar las historias de las vidas de los demás, me he dado cuenta de que algunas de las cosas de las que más me arrepiento son oportunidades que dejé escapar, a menudo por miedo. Uno de esos momentos tuvo lugar mientras estaba en el seminario estudiando para ser pastor. En dos ocasiones me ofrecieron ir en verano a las capillas de dos importantes parques nacionales de Estados Unidos, Grand Teton y Shenandoah. La naturaleza siempre había sido importante en mi vida, pero crecí en una gran ciudad y nunca había tenido la oportunidad de pasar suficiente tiempo al aire libre. La idea de trabajar en un parque nacional me resultaba muy interesante, y una parte de mí sabía que esa experiencia sería impagable. Sin embargo, en ese momento tenía pareja y me preocupaba estar separado de ella unos meses, por lo que dejé pasar ambas oportunidades. Actualmente, creo que si me hubiera proyectado hacia el futuro, hacia un hombre mayor sentado en el porche, me hubiera oído decir a mí mismo: «Si la relación es lo bastante fuerte, sobrevivirá a la ausencia, pero te gusta la naturaleza y puede que no vuelvas a tener esta oportunidad nunca más». La relación no duró y nunca más tuve otra ocasión igual.

Hay un ejemplo más reciente en mi vida. El año pasado, un buen amigo me ofreció la posibilidad de pasar un mes en África oriental con otros quince hombres de mediana edad para conocer a ancianos de distintas tribus y acampar al aire libre. Era un sueño hecho realidad, pero era la época del año en la que estaba más ocupado y tendría que rechazar una cantidad importante de trabajo para hacer el viaje. Esta vez, visité al anciano sentado en el porche, que me aconsejó: «Cuando tengas mi edad, no echarás de menos el dinero que dejarás de ganar este mes, pero llevarás África en el corazón». Hice el viaje, exploré varias culturas fascinantes, presencié una naturaleza increíble como nunca antes había visto y eché de menos a mi familia, lo que me recordó lo mucho que significa para mí. Mientras estuve en Tanzania, me senté con los ancianos de las tribus y ahí nació la idea de este proyecto. Mi preocupación por no poder cumplir con los compromisos laborales estuvo a punto de anular una de las experiencias más importantes de mi vida.

Lo más esencial que me enseñaron sobre el segundo secreto las conversaciones que dieron lugar a este libro es que debemos asegurarnos de que intentamos hacer lo que queremos en la vida, porque es muy poco probable que nos arrepintamos de haberlo intentado y fracasado. La segunda lección más importante es que si hay una relación que se debe arreglar, se debe hacer ya. Cuando hablé con la gente sobre el arrepentimiento, muchos hicieron referencia a personas en sus vidas, temas sin resolver, palabras que no llegaron a pronunciar, relaciones rotas que nunca se recompusieron.

Vivir como si no tuviéramos tiempo

A lo largo de los años he dirigido muchos retiros de desarrollo personal y de liderazgo con el doctor David Kuhl, un gran médico y escritor amigo mío. Durante los talleres, realizamos un ejercicio en el que pedimos a la gente que se imagine que sólo les quedan seis meses de vida. Les explicamos que no pueden saber si en esos seis meses se encontrarán bien o tendrán problemas de salud. Les damos una fecha concreta, seis meses a partir de ese día.

«Imaginaos —les indicamos— que dentro de seis meses exactos vais a morir. ¿Qué cinco cosas tenéis que hacer antes de morir?» Una calma tensa se apodera de la habitación, a menudo disimulada con un humor fruto de la incomodidad. Cuando la gente empieza a escribir lo que tienen que hacer en esos seis meses, en general escriben sobre las relaciones que deben recuperar. Algunas veces incluyen un sueño que hace tiempo que desean cumplir. Cuando han terminado la lista, les preguntamos: «Si sólo tenéis seis meses de vida y lo que habéis escrito en la lista son cosas que tenéis que hacer, ¿no son lo bastante importantes para hacerlas sin tener en cuenta el tiempo que os quede de vida?» Queda claro, aunque nadie lo diga, que ésa es, de hecho, nuestra situación: puede que sólo nos queden seis meses de vida, de modo que preguntarnos cómo viviríamos con sólo ese tiempo por delante es una magnífica forma de lograr vivir sin tener nada de lo que arrepentirse.

Bob, el biólogo de 59 años, me habló de forma conmovedora sobre la importancia de asegurarte de que no tienes nada de lo que arrepentirte en relación con los demás. «Llegó un momento en el que mis padres y yo estábamos muy distanciados. No aprobaban mi matrimonio y literalmente echaron a mi novia de su casa y me dijeron que, si la iba a elegir a ella antes que a ellos dos, yo también me podía marchar. Durante mucho tiempo estuvimos distanciados, pero al cabo de unos años me esforcé por hablar con ellos y mejorar la relación. Mucha gente aparca estos temas y luego se obsesionan cuando llegan al final de su vida. Al menos debes intentar solucionarlos.»

Lucy, que ahora tiene más de setenta años, hacía mucho que se había distanciado de su madre. Apenas habían hablado durante los últimos veinte años de vida de ésta. «Me hubiera gustado hablar con ella antes y enseñarle a amar. A quien quiera escucharme, le aconsejo que, si tiene algo que decir, lo diga cuanto antes, aunque no se sienta preparado.»

Hace muchos años, una mujer llamada Betty asistió a uno de los retiros que yo dirigía. Hablé sobre el arrepentimiento y sobre cómo a menudo tenemos relaciones que debemos reencauzar. Les pedí a todos que escribieran el nombre de por lo menos una persona de la que se hubieran distanciado. Luego les dije que se imaginaran al final de su vida, sentados en un porche y muy mayores. ¿Qué les hubiera gustado que pasara con esa persona?

Un par de semanas después recibí una carta de Betty. Me contaba que su hijo y ella casi no habían hablado durante veinte años. Un pequeño corte se había convertido, tras décadas de abandono, en una profunda herida. Ninguno de los dos daba el primer paso. Después de asistir al taller, se imaginó como una mujer mayor y decidió que se arrepentiría mucho de no haber intentado mejorar esa relación. En su carta decía: «Sabía que podría vivir con su rechazo, pero no soportaría no haberlo intentado».

Le llamó y le comentó cómo se sentía. Le dijo: «Casi no puedo recordar lo que pasó entre nosotros, y puede que en aquel entonces fuera muy importante. Me disculpo por mi parte de culpa, pero veinte años es demasiado tiempo para dos personas que antes se querían». Su hijo le respondió y dejaron a un lado muchos años de dolor. Y también dejaron a un lado el arrepentimiento que habrían sentido al final de la vida.

Cuando le pregunté a mi amigo Bob, que ahora tenía sesenta años, si tenía miedo a morir, me dijo: «No me pone nervioso la muerte. Cuando me vaya, lo haré con una sonrisa en los labios. Me siento bien con mi vida, mi legado, y la vida que he tenido». Es la recompensa por una vida sin arrepentimiento.

Evidentemente, no podemos alcanzar la perfección, y siempre nos arrepentiremos de alguna cosa aunque tomemos todas las decisiones de nuestra vida con sumo cuidado. Algunas personas que habían sido identificadas por otras como las más sabias seguían arrepintiéndose de muchas cosas. No importa cómo vivamos nuestras vidas, siempre nos arrepentiremos de algo. Pero, aun así, la gente sabia me ha enseñado a lidiar con ello.

Es mejor olvidarse del arrepentimiento

Mucha gente me comentó que era importante no centrarse en el arrepentimiento o ser demasiado duro con uno mismo. John, que tenía casi 94 años cuando le entrevisté, hizo algunas observaciones muy acertadas sobre el arrepentimiento. Había pasado los primeros treinta y cinco años de su vida adulta trabajando como periodista para el Partido Comunista de Canadá. Era un joven de ardientes ideales al que siempre le había indignado toda la injusticia que veía en el mundo y decidió dedicar su vida a trabajar para el Partido, que veía, al igual que muchos otros por aquel entonces, como un vehículo que los conduciría a la justicia social. Al cabo de los años, fue testigo de muchas cosas que le hicieron dudar de los métodos y objetivos del Partido, pero siguió trabajando en él con el deseo de que cambiara. Detectó un atisbo de esperanza cuando le ofrecieron la oportunidad de trabajar como redactor para una revista comunista internacional en Praga. Era 1968, y se estaba gestando un movimiento reformista en Checoslovaquia para un «socialismo de rostro humano». Pero esa esperanza se hizo trizas cuando lo tanques rusos entraron en el país y destrozaron un nuevo movimiento reformista. También destrozaron las esperanzas de John en el Partido. Para él, adujo, fue como «la gota que colmó el vaso». Al poco de volver a Canadá, abandonó el Partido.

Sin embargo, no se dejó aplastar por el arrepentimiento, lo cual resultó ser un denominador común entre las personas que entrevistamos. Me di cuenta de que no era que esas personas tuvieran menos decepciones o hubieran dado menos rodeos que el resto de nosotros, simplemente se enfrentaban a ello de forma distinta. Como me dijo John: «En la primera mitad de mi vida, lo que tenía sentido era la esperanza de conseguir un mundo mejor, pero luego experimenté una amarga desilusión. Cuando eso sucede, lógicamente te arrepientes de cosas y a veces te preguntas: ¿he perdido el tiempo? Sé que he aprendido de esa experiencia, aunque a veces también me pregunto qué hubiera sido de mi vida si hubiera tomado otro camino. Pero no puedes vivir toda la vida pensando en lo que habría pasado. Tomé el resto de vida como vino y tuve muchos momentos felices. Sabía de cuando era niño que tenía un talento artístico innato, pero mi trabajo no me había dejado expresarlo. Mientras viví en Praga esos dos años, con mucho más tiempo para mí, fui a clases de dibujo y eso fue el principio de una afición que ha dado un sentido completamente nuevo al último tercio de mi vida. Cuando volví a Canadá, usé lo que había aprendido en todos esos años de redactor para el Partido para trabajar como redactor en el ámbito de la salud, lo que me resultó muy gratificante durante más de quince años. También fui a clases de arte y perfeccioné mi técnica con las acuarelas para, una vez jubilado, convertir la pintura en mi ocupación. De no haber sido por todos esos rodeos, de los que algunos se podrían arrepentir, nunca me hubieran pasado todas esas cosas buenas».

Elsa, de más de setenta años, me contó que su hija le había dado el mejor consejo de su vida. Le dijo: «Mamá, sacúdete el polvo y vuelve a levantarte». Un rasgo común entre aquellos que otros identifican como personas que han encontrado la felicidad es su capacidad de «sacudirse el polvo y volver a levantarse». No es que hayan tenido menos decepciones que otros, sino que no han dejado que los contratiempos les venciesen. *Puede que lo que determina a menudo nuestra felicidad en la vida es lo que hacemos después de un problema.* Siempre tendremos contratiempos, que muchas veces nos obligarán a volver a arriesgarnos. Amar después de que nos hayan herido o abandonado. Intentarlo incluso después de que nos hayan fallado o de haber sido rechazados. O, como le pasó a John, simplemente darse cuenta de que había seguido el camino equivocado. Él se sacudió el polvo y regresó a la vida. Al escuchar las historias de más de doscientas personas, me di cuenta de que eso era un elemento recurrente.

Tenemos que ser benévolos con el arrepentimiento. Se suele decir que no podemos perdonar a los demás si primero no nos perdonamos a nosotros mismos. Aunque uno de los secretos es no arrepentirnos de nada, la mayoría nos arrepentiremos de algunas cosas. Pero tenemos que curar ese sentimiento, llenarlo de perdón y saber que en muchos casos hicimos todo lo que pudimos en aquel momento. Es una señal de nuestra sabiduría que podamos conocer nuestros errores, pero también olvidarlos. De hecho, una diferencia que observé entre las *personas mayores sabias* y las personas menos felices que entrevistamos era cómo asumían el arrepentimiento en sus vidas. Las personas más felices conseguían la paz en sus vidas, mientras que las personas infelices se arrepentían y dejaban escapar oportunidades.

Sin embargo, el arrepentimiento tiene un cometido muy importante en nuestras vidas. Nos recuerda lo que realmente importa, y si le prestamos atención, nos puede ayudar a no caer en un pozo más hondo de arrepentimiento en el futuro. Igual que arrepentirme de no haber trabajado en los parques nacionales me ayudó a aceptar el viaje a África, podemos visitar a nuestro yo anciano para averiguar lo que tenemos que hacer. No podemos tener una vida sin arrepentimiento o sin errores, pero si consultamos a menudo a nuestro yo anciano, es menos probable que dejemos inacabado lo que hemos venido a hacer aquí.

Cuando pregunté a las personas que entrevisté si se habían arriesgado lo suficiente, casi todas me dijeron que no. Quizá después de haber tenido una larga vida nos damos cuenta de que tenemos mucho menos que perder de lo que pensábamos. ¿Qué posibilidades tendrías si supieras que sólo te queda un año de vida? ¿Vives de forma segura, escondido debajo la mesa o mirando por la ventana cómo pasa la vida? Si miras tu vida desde la perspectiva de una persona mayor que está sentada en el porche, ¿qué te gustaría haber hecho?

El segundo secreto es *no tener nada de lo que arrepentirse.*

Aquí tienes cuatro preguntas en las que puedes pensar cada semana para ayudarte a vivir este secreto:

- ¿He actuado con miedo hoy/esta semana? ¿Cómo quiero ser más valiente mañana o la semana que viene?
- ¿He actuado según mis convicciones esta semana? ¿Cómo quiero actuar siguiendo más mis convicciones la semana que viene?
- ¿Qué paso daría en mi vida ahora mismo si actuara con valentía, sin miedo? ¿Qué podría hacer diferente si viviera desde el punto de vista de una persona mayor sentada en el porche de su casa que analiza su vida?
- ¿Cómo respondo a los contratiempos de mi vida? ¿Avanzo o retrocedo?

5

El tercer secreto: sé amor

«La vida es amor y si te pierdes el amor te pierdes la vida.»
LEO BUSCAGLIA

«Si quieres que otros sean felices, ten compasión.
Si quieres ser feliz, ten compasión.»
DALAI LAMA

David, que ahora tiene unos setenta años, me habló sobre una experiencia que tuvo cuando su padre se estaba muriendo. Se había reunido familia procedente de muchas partes del mundo para compartir los últimos días de su padre. David se dio cuenta de que su padre no habló en ningún momento, durante esos últimos días, de las posesiones que había tenido. No mencionó los coches, las casas o cualquier otra posesión que hubiera comprado durante su vida. En vez de eso, se rodeó de fotografías de las ocasiones más especiales (bodas, nacimientos, viajes familiares y momentos con los amigos). Al ver cómo moría su padre, David llegó a una conclusión: «Al final de nuestra vida, cuando nos queda muy poco tiempo, el amor es realmente lo único que nos importa». Durante años, David ha llevado consigo esa imagen, una imagen que ha guiado la forma en la que ha vivido. Leo Buscaglia, el gran escritor italoamericano, dijo una vez que «la vida es amor y si te pierdes el amor te pierdes la vida».

Los varios centenares de conversaciones que mantuvimos demuestran que el amor, tanto el que se da como el que se recibe, es fundamental para construir una vida feliz y con sentido. Desde luego, esto no es ninguna sorpresa. Cuando le pedí a la gente que intentara adivinar qué había aprendido en mis conversaciones con las personas mayores sobre sus vidas, la gran mayoría dijo que el amor era el origen de la mayor felicidad, pero también del mayor arrepentimiento. Tenían razón.

Sin embargo, lo más importante que aprendí sobre los secretos para tener una vida feliz y con sentido es que no sólo importa *recibir amor*. Aprendí que el secreto de la felicidad y el sentido también *es ser una persona que dé amor*. Por lo tanto, el tercer secreto que tenemos que descubrir antes de morir es cómo *ser amor*.

El amor como opción

Para hablar del amor, primero debo definirlo. *Amor* es una palabra con muchos matices. Debemos diferenciar entre el *sentimiento de amar* y la *decisión de amar*. El amor es a menudo percibido por la sociedad como una emoción única. Decimos que «está completamente enamorada de él», que «amamos el golf y la pizza», que «somos amantes de la juerga», y así sucesivamente, pero en estos casos nos referimos al sentimiento del amor. Sin embargo, al escuchar a los entrevistados, me empecé a dar cuenta de que, cuando hablaban de la importancia del amor en sus vidas, definían el amor más como una elección que como un sentimiento. El secreto para tener una vida feliz y con sentido era decidir ser una persona con amor, *ser amor*.

Aunque puede que no tengamos la capacidad de sentir amor cuando queramos, tenemos siempre la facultad de ser amor. Vivimos este secreto de tres formas. Primero, decidimos amarnos a nosotros mismos. Segundo, decidimos actuar con amor hacia las personas más

allegadas a nosotros (la familia, los amigos, etc.). Y finalmente tenemos que decidir dar amor en todas nuestras interacciones.

Paul, de 73 años, era un hombre de negocios jubilado que me
contó nada más empezar la entrevista que tenía cáncer. También
dijo que trabajaba como voluntario en una residencia con enfermos
terminales, lo que significa que se pasaba horas con personas en el
último estadio de una enfermedad terminal y las ayudaba a sentirse
lo más cómodas posible durante el proceso de su muerte. Aunque él
también padecía una enfermedad potencialmente mortal, seguía
dedicando su tiempo a ayudar a los que se estaban muriendo.

Me contó una experiencia que había tenido cuando acompañaba
a un hombre a quien no había visto nunca antes. Cuando llegó para
empezar su turno, la persona a la que iba a sustituir para acompañar
al enfermo terminal habló con él en privado. «Me dijo que el hombre con el que iba a estar tenía cáncer y que ahora le había afectado a
la cara. Añadió que tenía el rostro completamente desfigurado y que
me mentalizase, porque podría impresionarme verlo. Cuando entré
en su habitación y le miré la cara, vi un rostro completamente defor-
me, cubierto de llagas en carne viva. En un primer momento, la
emoción que me produjo fue asco.»

Paul recordó que, pese a la sensación de repugnancia, tuvo la
fuerza de voluntad necesaria para decidir amar a ese hombre. «En
ese momento, decidí verlo con los ojos del amor. La cara le cambió y
pude ver la belleza que albergaba. Pude ver cómo su espíritu brillaba
porque creo que de forma subconsciente él se había dado cuenta de
que había decidido amarlo.» Paul se apercibió de algo de lo que me
habían hablado muchos de los entrevistados: que el poder de decidir
amar nos transforma.

El amor al que me refiero no es el sentimiento del amor; es la decisión de *ser personas que den amor*. Al escribir sobre el tercer secreto, que es *ser amor*, no me refiero al sentimiento del amor sino a la
decisión de amar.

Primero, ámate a ti mismo

La primera forma en la que podemos vivir este secreto es decidiendo amarnos a nosotros mismos. Si no tomamos la decisión radical de considerarnos personas dignas, no podremos encontrar la felicidad. El amor a nosotros mismos resulta indispensable para convertirnos en seres humanos espiritualmente sanos. Para algunos, el amor a uno mismo puede resultar algo natural porque la educación y la experiencia nos proporcionan un sentimiento profundo sobre nuestra propia valía, pero hay otras personas a las que les cuesta amarse a sí mismas.

Citamos a Elsa, de 71 años, en el capítulo anterior porque se había arriesgado, pero sobre todo nos dio una lección de amor. Al haber crecido durante la Segunda Guerra Mundial en Alemania, tuvo una infancia muy difícil. Su padre era oficial del Ejército alemán. Aunque ya tenía dos hijos, su padre siempre había querido una niña, por lo que, cuando nació Elsa, la colmó de amor y de afecto. Pero el padre decidió no volver a casa después de la guerra y abandonó a la familia cuando su hijita tenía apenas cinco años. Elsa notó entonces que su madre empezaba a tratarla sin ningún tipo de cariño.

«Recuerdo que no me sentía muy querida por mi madre cuando era pequeña. De niña, me parecía que ella quería mucho más a mis hermanos. No fue hasta muchos años después, siendo ya adulta, cuando me di cuenta de que no eran figuraciones mías. Mi padre siempre había querido tener una niña, por lo que cuando nací me colmó de afecto. Cuando abandonó a mi madre, ella descargó su resentimiento sobre mí. Imagina lo que era ser una niña, notar que tu madre no te quiere y no saber por qué.»

Al no haber recibido amor, Elsa recuerda haber pasado una adolescencia muy difícil, pero también se acuerda de cuando se dio cuenta de algo muy importante. «En algún momento, no puedo decir exactamente cuándo, me di cuenta de que si no podía recibir amor tenía que darlo. Resulta difícil de explicar, pero supe que aunque no podía controlar si el resto de la gente me amaba, sí tenía un control absoluto sobre si yo daba amor. De alguna forma vi que si yo daba amor, la gente no tendría más remedio que amarme. Además, me di cuenta de que Dios me amaba y de que por el mero hecho de ser una persona ya era digna de amor, y eso no me lo podían arrebatar. Aunque no puedo explicarlo del todo, sufrí una transformación cuando decidí ser amor en vez de buscarlo.»

La historia de Elsa nos recuerda que tenemos muy poco poder sobre el amor que nos dan, pero mucho sobre el amor que damos. Da igual cómo nos hayan tratado los demás, el acto de dar amor nos transforma, como demuestra la vida de personas como Nelson Mandela, que estuvo injustamente encarcelado durante décadas, pero tomó la decisión de amar. Su decisión ayudó a empezar la transformación que sanaría a Sudáfrica. La historia está llena de personas que tomaron la decisión contraria, los oprimidos convertidos en opresores (tanto en países como en familias). Además, el caso de Elsa nos recuerda que para dar amor primero tenemos que actuar con amor hacia nosotros mismos.

Una de las formas más importantes en las que decidimos amarnos a nosotros mismos es vigilando cómo nos alimentamos. Dicen que somos lo que comemos, pero desde un punto de vista espiritual, somos lo que pensamos. Los seres humanos tenemos una media de 45 mil a 55 mil pensamientos diarios, una auténtica y constante conversación interior. Nos pasamos el día hablando con nosotros mismos. La mayoría de nuestros pensamientos son benignos, pero muchos tienen un gran impacto en cómo nos vemos a nosotros mismos. Por ejemplo, cada vez que nos decimos cosas como «Soy un perdedor», «No merezco que me amen», «No soy guapo», «Tengo que demostrar mi valía frente al resto de personas», «Estoy gordo», «No soy un buen padre», «No soy una buena persona», estamos minando nuestro amor hacia nosotros mismos.

Lee, de 78 años, se había pasado la vida intentando comprender el cerebro humano y cómo nos autohipnotizamos con nuestros pensamientos. Me contó lo siguiente: «A menudo cuando somos jóvenes nos programamos, nos hipnotizamos con una especie de imagen tóxica de nosotros mismos. A mí me pasó en mi juventud. Pero a través de nuestros pensamientos también tenemos la capacidad de deshipnotizarnos al decidir plantar flores o cizaña. El subconsciente trata todos los pensamientos como una plegaria».

Al hacer esta afirmación, me di cuenta de que la mayoría de personas que estaba entrevistando, las personas que habían sido identificadas por haber encontrado la felicidad y la sabiduría, pasaban gran parte del tiempo plantando flores. Desde luego, el subconsciente trata todos los pensamientos como una plegaria. La gente hablaba del poder de los pensamientos en los que nos recreamos. Lee lo llamaba «plantar flores o cizaña». El amor a uno mismo tiene que ver con el alimento que le proporcionamos a nuestra mente. Y este diálogo interior está bajo nuestro control.

Uno de los hombres que entrevisté, Pravin, tenía un padre con una grave enfermedad mental que finalmente se suicidó. Durante muchos años se sintió terriblemente culpable por la enfermedad de su padre y, al mismo tiempo, indigno, debido a su temor a que también él acabara volviéndose loco. No fue hasta bien entrada la edad adulta cuando se dio cuenta de que malgastaba sus energías intentando probarse a sí mismo su valía. También se dio cuenta de que se pasaba el día sembrando cizaña en su subconsciente. Cada día se recreaba en la idea de su indignidad. Pero entonces, tras un período de reflexión, se dio cuenta de que como adulto tenía la capacidad de decidir amarse a sí mismo. Podía decidir no recrearse todo el día en esos pensamientos negativos. Cuando lo asaltaran esas ideas de autoodio, culpándose de la enfermedad de su padre o pensando que acabaría como él, estaba en su mano el sustituir esos pensamientos por otros que le animaran. Le costó mucho tiempo efectuar el cambio, pero finalmente consiguió deshipnotizarse, algo que está al alcance de todos: sustituir nuestros pensamientos negativos por otros distintos. Sustituir el «Soy culpable de la enfermedad de mi padre» por «La enfermedad de mi padre no fue culpa mía y no podría haber hecho nada por cambiarla». Fue capaz de sustituir el «Me pasará lo mismo que a mi padre» por «Yo no soy mi padre y soy dueño de mi propio destino». A primera vista, este planteamiento puede que parezca una perogrullada que no vale la pena comentar, pero es asombrosa la cantidad de personas que vivimos hipnotizadas por nuestros pensamientos negativos y que tratamos a nuestra mente con muy poco amor.

Existe una historia maravillosa en la tradición navajo. Un anciano navajo le cuenta a su nieto que a veces siente que hay una lucha en su interior, una lucha entre dos lobos: uno de ellos es el mal. Es el lobo de la rabia, la envidia, el arrepentimiento, el resentimiento, la arrogancia, la autocompasión, la codicia, la pena, la inferioridad, la superioridad, la culpabilidad, el miedo a sanar el cuerpo y el alma, el miedo al éxito, el miedo a explorar lo que otros consideran la verdad, el miedo a ponernos en la piel de los demás para ver una parte de su realidad a través de sus ojos y sus corazones, con excusas vanas que nuestro corazón sabe que son falsas. El otro lobo es el bien. Es el lobo de la alegría, la paz, el amor, la esperanza, la serenidad, la humildad, la amabilidad, la empatía, la preocupación por los que nos han ayudado aunque sus esfuerzos no siempre hayan sido perfectos, el deseo de perdonarnos a nosotros mismos y a los demás y darnos cuenta de que nuestro destino está en nuestras manos.

El nieto reflexiona sobre lo que ha escuchado y pregunta: «Pero, abuelo, ¿qué lobo gana?» Y su abuelo le responde: «El lobo al que decido alimentar».

La primera parte de este secreto es alimentar al lobo bueno que llevamos dentro.

Priorizar el amor

La segunda parte de este secreto es decidir actuar con amor hacia las personas más cercanas y hacer que las relaciones de amor sean una prioridad en nuestra vida. Cuando pregunté a la gente cuál era su mayor felicidad, sus primeras respuestas siempre hacían referencia a sus esposas, maridos, hijos, padres o amigos. Una y otra vez vi que las personas que se centraban en el desarrollo de relaciones personales profundas en sus vidas eran felices. Y cuando pregunté sobre el arrepentimiento, las primeras respuestas también tuvieron que ver con sus relaciones, la falta de prioridad que les habían dado o la sensación de no haber actuado con amor hacia lo que más les importaba. Hace muchos años, siendo yo sacerdote, un anciano resentido me dijo: «Me he pasado la mayor parte de la vida centrándome en las cosas. Las personas siempre estaban en segundo lugar en mi lista de prioridades. Ahora me doy cuenta de que mi BMW no me viene a visitar al geriátrico».

Uno de mis entrevistados favoritos fue un hombre de 62 años llamado Ken. Me lo recomendó su hijo, un gestor de hospital, diciendo que era la persona más sabia que había conocido. Me sorprendió gratamente ver que muchas personas elegían a sus padres como las personas más sabias de su vida (y espero que algún día mis hijos sientan lo mismo por mí). Pensé que, como padres, debemos intentar vivir de una forma que nuestros hijos consideren sabia. En el correo electrónico el hijo me dijo: «Mi padre es EL barbero de un pueblo de Iowa». La idea de hablar con «EL barbero de un pueblo» me intrigaba.

Ken había sido barbero de la pequeña comunidad de Waukon (Iowa) durante 42 años. «Había otros trece barberos en Waukon cuando empecé, pero he vivido más que todos ellos, y por eso me convertí en EL único barbero del pueblo —me dijo Ken—. Fui a todos sus funerales y ahora les corto el pelo a sus nietos.»

Ser barbero en un pueblo (Waukon tiene unos 4.000 habitantes) es parecido a ser cura o pastor, excepto que la profesión de barbero pasa por encima de credos y fronteras. La mayoría de la gente se va a cortar el pelo de vez en cuando y durante un rato se sientan en un contexto muy íntimo con otro ser humano, hablando y observando. Quedó claro desde el momento en que empecé a hablar con Ken que no sólo sabía mucho sobre lo que era llevar una vida plena y con sentido, sino que también había sido un alumno aplicado durante aquellos 42 años de íntima observación. Conocía los secretos que proporcionan sentido a la vida y lo que nos impide conseguirlo.

«Si observas lo bastante, adivinas lo que hace feliz a la gente —dijo—. Me di cuenta de que si tienes amor en tu vida y un trabajo que le dé sentido, serás una persona feliz.» No me costó mucho notar que Ken tenía el amor de la familia y los amigos y un trabajo que daba un profundo sentido a su vida, más allá de cortar el pelo. Para él, su trabajo le había brindado la oportunidad de servir a los demás y de cultivar profundas amistades.

Me comentó que el mejor consejo que le habían dado era uno del padre de su mujer, que le dijo al principio de su relación que «habrá altibajos; son cosas de la vida. Tu talonario no te proporciona el éxito, sino las personas que conoces y que influyen en ti».

El padre de Ken murió cuando él era muy joven. Como Ken era el mayor de cuatro hermanos, ocupó el puesto de su padre y decidió asegurarse de que era un buen modelo. «Creía que yo debía ser el padre que mi propio padre hubiera sido.» Me contó que mucha gente había ayudado a su familia, con los cuatro niños y la madre viuda, cuando él era joven. Y decidió que intentaría portarse con la gente tan bien como se habían portado con él.

Los amigos, la familia y los demás siempre habían sido lo más importante en su vida. Le dijo a su mujer que iba a publicar un anuncio en el periódico: «Casa nueva en venta, por estrenar» porque siempre estaban con la familia y los amigos y nunca estaban en casa.

Ken es un gran ejemplo de lo que descubrí durante estas entrevistas. Si hacemos que las relaciones de amor sean una prioridad y si tratamos a las personas que tenemos más cerca con amor, encontramos la felicidad. Por eso la segunda parte de este secreto es hacer que las personas sean una prioridad, dejar sitio para profundizar las amistades y asegurarnos de que cada día nos preguntamos si estamos actuando con amor hacia los que tenemos más cerca.

Desde luego, parece fácil hacer que las personas sean una prioridad y actuar con amor hacia ellas. Lo que descubrí es que, aunque este secreto específico no es realmente un secreto, muchas personas siguen anteponiendo las cosas a las personas, y estamos tan ocupados que olvidamos actuar con amor hacia nuestros allegados. Los mayores remordimientos que sentía la gente tenían que ver con no haber apoyado lo bastante a las personas que amaban.

Dave, un ejecutivo de banca retirado de 65 años, me contó una historia conmovedora. Al preguntarle yo cuál era el mejor consejo que había recibido sobre la vida, me respondió: «Cuando yo tenía unos cuarenta años, la esposa de mi jefe murió de cáncer. Cuando mi jefe volvió al trabajo, al cabo de un par de meses, me paró un día en el pasillo y me agarró del brazo. "Dave—me suplicó—, pasa más tiempo con tu mujer; pasa más tiempo con tu mujer." En realidad, no había ninguna razón para que me dijera eso; simplemente me paró para decírmelo. Pero creo que fue el mejor consejo que me han dado en toda mi vida. Y si pudiera verme ahora, seguramente se daría cuenta de que le hice caso».

Me contó también que le gustaría regresar al pasado para dar prioridad a las relaciones. Aunque disfrutaba mucho con su trabajo, tenía la sensación de que había sacrificado demasiado en aras del éxito. Dave dijo lo mismo que la mayoría de la gente a la que entrevistamos. La importancia de las personas que había en su vida a menudo se veía perjudicada por el desarrollo de la trayectoria profesional y por la necesidad de ganar dinero.

Más aún, al mirar hacia atrás, la gente a menudo se arrepentía de haber dejado que la ira o cosas sin importancia se interpusieran en el camino del amor.

Susan, de 68 años, se lamentaba de la relación que había tenido con sus hijos ya mayores. «Estaba tan inmersa en mi propia vida emocional que no tenía tiempo para ellos, para fomentar el tipo de vínculo profundo que algunas personas tienen con sus hijos. Me arrepiento de no haber estado junto a ellos. Veo que muchos de mis amigos tienen una relación mucho más estrecha con sus hijos adultos, y me gustaría volver atrás y cambiar algunas cosas.»

Otras personas se arrepentían de haber antepuesto cosas sin importancia a las relaciones. Don, de 84 años, dijo que le gustaría regresar al pasado para hablar consigo mismo cuando era más joven. «Me gustaría volver para decirme: "No te enfades tanto con los niños, no se lo merecen". Y casi siempre me enfadaba por tonterías. Cuando mi hijo mayor tenía seis años, me preguntó qué hacían los psicólogos (mi profesión). Le dije que un psicólogo es alguien que intenta hacer que la gente que está triste sea feliz.» Don me contó lo que pasó ese mismo día al cabo de un rato: «Estaba echándole una bronca a mi hijo de tres años, que lloraba, cuando vino mi hijo mayor y me comentó: "Papá, no estás siendo un buen psicólogo". A lo que le respondí: "Ahora mismo soy un padre". Entonces no me di cuenta, pero si pudiera volver atrás, estaría más tiempo con mis hijos, como mi mujer. A veces olvidas lo importante que es tratar con respeto a los que amas».

Desfilaron ante mis ojos las veces en las que me había enfadado con las personas a las que quiero, a menudo por nimiedades, así como ocasiones en los que simplemente no fui nada amable con esas mismas personas. ¿Yo también miraría hacia atrás y desearía haber estado más con los que quiero y haberles dado más amor? Pensé que dar amor a los que más queremos tiene que ver con ser conscientes de nuestra vida de forma global, pensar que el amor es más importante que las cosas.

๏   Hace algunos años, cuando mis hijos entraban en la adolescencia, mi mujer me dijo que iba a comprar una cama elástica de segunda mano a nuestro vecino de al lado. Era grande y muy vieja (y bastante destartalada). Dado que el hijo del vecino se había ido a la universidad, sabía que estaban deseando quitársela de encima. Acabábamos de hacer reformas en el jardín y me irritaba pensar que podríamos tener esa cosa horrenda en él. Una vez colocada en su sitio, le dije a mi mujer que no me parecía bien. No me hizo mucho caso y me dijo que tenía que reflexionar sobre mis prioridades. Cuando miré desde la ventana de la habitación lancé un sonoro «¡aaah!» para que todos los miembros de mi familia se enterasen de que no me gustaba nada lo que veía desde mi cuarto.

Al cabo de unas horas oí las risas de mis hijas mientras saltaban con entusiasmo con sus amigos en la cama elástica que acabábamos de comprar. Pensé que muy pronto se irían de casa para vivir su vida como mujeres adultas. Entonces, seguro que echaría de menos esos gritos, el eco de la risa, más de lo que echaría de menos la belleza del jardín. Aprendí una lección importante. En cada momento, debemos preguntarnos qué es lo que importa de veras, y obrar en consecuencia.

John, de 93 años, el hombre que dejó el Partido Comunista para dedicarse al arte, había estado casado 52 años y afirmaba que su matrimonio le había proporcionado la mayor felicidad de su vida. «Los amigos siempre nos tenían envidia —contó— y decían que teníamos mucha suerte de haber mantenido ese tipo de relación. Cuando me preguntaban cuál era el secreto, les decía que siempre debes tratar a tu pareja como a un igual, que es lo que siempre he hecho yo. Tenemos que aceptarnos mutuamente con los defectos que todos tenemos, además de las cualidades. Puede que el otro mejore, o no, pero debes aceptar que es quien es y tal y como es. Cuando me enfadaba con mi mujer, me preguntaba a mí mismo si el motivo de mi enfado era más importante que nuestra relación. ¿Valía la pena arriesgar el amor que nos unía? Y la respuesta, desde luego, era siempre que no.

La decisión de ver a los demás con amabilidad

Al hablar con las personas que entrevisté, aprendí la importancia que tiene ver con ternura a los que nos rodean. Hace algún tiempo conocí a una consejera matrimonial de 85 años llamada Maggie. Durante más de cincuenta años había estado escuchando a maridos y mujeres hablar los unos de los otros, lo que en sí ya debería reservarle un buen sitio en la otra vida. Cuando le pregunté qué había observado en todos esos años aconsejando a parejas, me dijo: «Me di cuenta de que al principio de estar juntas las personas se centran casi exclusivamente en lo que les gusta del otro. Pero con el tiempo se fijan cada vez más en lo que les irrita del otro en vez de en lo que les gusta. Si hicieran todo lo contrario, habría muchos matrimonios y familias que estarían mucho mejor».

Jim, que tiene 86 años y todavía está felizmente casado después de sesenta y cinco años, ha vivido este secreto. Aunque tuvo una gran carrera profesional en el Ejército, al preguntarle qué era para él lo más importante, una y otra vez hacía referencia a su mujer. Se conocieron en el instituto y él quería salir con ella, pero era tímido. Cuando ella rompió con su novio, Jim aprovechó la oportunidad y le pidió que fueran juntos al cine. Las entradas de las películas de estreno valían 25 centavos mientras que las de los reestrenos sólo costaban cinco, pero él pidió prestados 25 centavos para impresionarla. Han estado juntos desde entonces y al cabo de un tiempo se casaron.

Todos los años de matrimonio le ha enviado rosas rojas el día del aniversario de su primera cita en lugar de su aniversario de boda. «Significa tanto para mí como para ella. Cuando se las mando, todos los años, me recuerda que, a pesar de todos los altibajos del matrimonio, nunca debo olvidar por qué me enamoré de ella la primera vez.» Quizá todos debamos buscar continuamente las «rosas rojas» de nuestros seres queridos y fijarnos en sus cualidades.

Un estudio de una prestigiosa universidad indicaba que en un hogar medio la proporción de mensajes negativos en relación con los positivos es de catorce a uno: por cada comentario positivo que le hacemos a un miembro de la familia, formulamos casi catorce comentarios críticos. Un estudio parecido señalaba que uno de los elementos comunes en los matrimonios felices y duraderos era una relación de siete a uno de los comentarios positivos frente a los negativos en la comunicación. Y está en nuestras manos cambiar esa proporción. En cada momento, podemos ofrecer amor y afianzar nuestras relaciones. Podemos decidir ver el contexto global.

Jim, que ahora tiene 62 años, me habló sobre la relación que tenía con su primera esposa. «Mi mujer tuvo dolor crónico, a raíz de una operación, durante cinco o seis años. A causa del dolor, sufrió una enfermedad mental e intentó suicidarse varias veces. Durante ese tiempo yo nunca sabía si estaría viva cuando regresara a casa al final del día. Fue un infierno. Esta experiencia me hizo ser consciente de la importancia de la elección personal, y me di cuenta de que mi prioridad eran la familia y las personas ante todo. Aunque la familia y los amigos, por ejemplo, me decían que entenderían perfectamente que la quisiera internar y seguir adelante con mi vida, nunca la abandoné. A pesar de que seguir adelante con mi vida resultaba muy difícil, al convertirla en mi prioridad me di cuenta del tipo de persona que era, y esa persona me gustó.» También me contó lo siguiente: «Cuando era joven, el trabajo era lo que más me motivaba, pero a medida que me fui haciendo mayor, me di cuenta de que los amigos y la familia, especialmente mi segunda mujer y mi hijastro, eran lo que realmente me hacía feliz».

Me parece que Ken, el barbero del pueblo, tenía razón en el siguiente comentario sobre las personas que pasaron por el sillón de su barbería durante todos esos años: «Si tienes amor en la vida, serás feliz». Sin embargo, lo más importante que descubrí sobre este secreto, actuar con amor, es que cuando decidimos dar amor en todas las situaciones de nuestra vida, cuando elegimos el amor y la amabilidad como nuestro camino en la vida, la felicidad nos aguarda. Cuando damos amor, éste nos viene devuelto en forma de felicidad.

Haz el bien si puedes, pero nunca hagas daño

Bansi, de 63 años, era una inmigrante de Tanzania que ahora vivía en Canadá. De religión hindú, sentía que la decisión de ser amable era el elemento central de una vida feliz. Cuando le pedí que me diera el mejor consejo que había recibido en su vida, me contó algo que su madre le recomendaba de niña. «Mi madre siempre me decía: "Haz el bien si puedes a todas las personas que conozcas, pero sobre todo asegúrate de que nunca les haces daño". Vivir con esta sencilla idea me ha proporcionado una gran felicidad. Cada vez que conozco a alguien, intento animarlo de alguna forma dándole amor, y luego me aseguro de no hacerle daño con lo que digo o hago.»

También me contó que todos nosotros damos la vida a los demás o se la quitamos cuando las conocemos. «Con lo que decimos y hacemos podemos alegrarle el día a alguien o arruinárselo. Siempre he ido con mucho cuidado, especialmente con lo que digo. La lengua es como una navaja: puedes hacer el bien o cortar a alguien con tus palabras.»

Al cabo de poco de realizar las entrevistas empecé a darme cuenta de que el tercer secreto no era simplemente obtener amor, o incluso darlo a los que están más cerca de ti, sino que el amor se convirtiera en una forma de ser que abarcara toda nuestra vida. Al actuar con amor, nos transformamos.

La gente me hablaba de cómo, al avanzar en la vida, era cada vez más consciente de la importancia de actuar con amor, de la decisión de ser amable. Lo que aprendí es que actuar con amor no sólo es bueno para los demás, sino que también nos transforma en el proceso. Cuanto más nos centramos en actuar con amor, más encontramos la felicidad.

Susan, de 68 años, había sido la secretaria de César Chávez (el famoso líder de los trabajadores inmigrantes). «Lo que más me cambió al trabajar con César y los granjeros fue el descubrimiento de la cultura latina. Los latinos eran más abiertos y cálidos que todas las personas que había conocido antes. Había en ellos generosidad. Era una cultura en la que las relaciones y la amabilidad con los demás eran un elemento fundamental de sus vidas.» Esta experiencia la transformó porque empezó a descubrir que decidir dar amor y ser amable era la clave de la felicidad.

Una de las razones por las que llegué a creer que la decisión de actuar con amor nos transforma es ésta: aunque tenemos muy poco control sobre el amor que recibimos, tenemos un control casi absoluto sobre el amor que damos. La gente que conocí había tomado la decisión de dar amor en su vida diaria, y al hacerlo habían encontrado la felicidad.

Lea, de 58 años, es una mujer afroamericana que creció en el sur de Estados Unidos en los años de la segregación. De niña, había recibido mucho amor de su propia comunidad, así como dolor por culpa del odio de la gente de fuera de su comunidad. Me dijo: «Llevas este odio contigo aunque no te des cuenta. Cuando volví al sur con más de cincuenta años, recordé lo doloroso que resulta ser juzgada por el color de la piel. Cuando era joven, recuerdo la primera vez que me di cuenta de que era distinta, de que había ciertas cosas que no me estaban permitidas. Me acuerdo de una experiencia que tuve en el instituto. Había ido a una escuela de primaria sólo para negros, pero mis padres decidieron que fuera a un instituto mixto. Nos prepararon contándonos lo que podríamos encontrarnos. Cuando llegamos, los demás niños eran bastante antipáticos, y los profesores no me tenían en gran estima. Un día se celebraba la fiesta de la ciudad y hacía muchísimo calor en el desfile. Estábamos en una esquina, pillé una insolación y me desmayé; y recuerdo que en esa esquina había una tienda que no admitía a negros, donde entró un hombre blanco para comprarme una Coca-Cola. Estábamos a merced de esas personas, sin ningún poder; todavía lo recuerdo como si fuera ahora. Pero también recuerdo que ese hombre tomó la decisión de actuar con amor».

Lea me habló de su ritual matutino, su momento de meditación al empezar el día. «Todas las mañanas dedico un tiempo a leer en silencio. Entonces, antes de salir de casa digo una sencilla plegaria: "Señor, déjame actuar con amor desde el momento en el que salga de esta casa hasta que vuelva a ella. Ayúdame para que cuando encuentre en mi camino a aquellas personas para las que una palabra amable, una sonrisa o un *gracias* puedan cambiarles la vida, no esté tan ocupada como para no darme cuenta".»

¡Qué plegaria mas hermosa! Es la plegaria de los que conocen este secreto; si decidimos ser amables y actuar con amor desde el momento en el que nos levantamos hasta que nos vamos a la cama, nos sucede algo muy profundo. Y cuando decidimos actuar con amor, dar amor a todas las personas que conocemos, cumplimos uno de los propósitos básicos de la vida humana, que es hacer con nuestra presencia que el mundo sea un lugar mejor.

Abdullah, de 87 años, nació y creció en la comunidad musulmana de la India y vivió en 1948 la independencia de Pakistán. Aunque después emigrase a Canadá, recordaba su infancia con toda claridad. «Cuando era niño tenía amigos musulmanes e hindúes. Pero llegó un momento en el que hubo mucha violencia entre ambas comunidades en mi aldea. Los musulmanes habían matado a un chico hindú y algunos hindúes querían vengarse. Intentaron cogerme, pero un anciano hindú se interpuso entre ellos y yo. Por supuesto, yo era sólo un chiquillo, o sea que los recuerdos que tengo son algo borrosos, pero recuerdo su fuerte brazo sobre mi hombro. Se mantuvo firme y dejó claro que lo tendrían que matar para cogerme.»

Por un momento, durante la entrevista, hizo una pausa y permaneció en silencio. Mientras se miraba las manos, tuve la sensación de que buscaba las palabras adecuadas para proseguir. «El amor es algo difícil de definir, pero este hombre siempre ha sido mi definición del amor. Era mayor. Puede que hubiese presenciado el odio y la violencia toda su vida. O puede que sólo estuviera harto. Pero siempre he querido pensar que me lo envió el profeta Mahoma para enseñarme el significado del amor. Está escrito en el Corán: "No desdeñéis hacer el menor de los bienes, incluso saludar a vuestro hermano con una expresión alegre". La felicidad proviene de saber que hacer el bien, ser amable, siempre tiene sentido. La amabilidad me salvó la vida.»

Un anciano se interpuso entre un niño y la violencia potencial. Al hacerlo, desencadenó una serie de eventos que conformaron el futuro. Su amor inspiró el amor en otra persona. Al escuchar a Abdullah, no pude evitar imaginarme a ese anciano en su lecho de muerte, esbozando una sonrisa en su rostro curtido. Había escogido el amor. Sus actos de amabilidad cambiarían el futuro de una manera que nunca podría presenciar.

Hace muchos años, una chica de veintitantos me contó una historia conmovedora sobre su madre que resulta un gran ejemplo del poder de este tercer secreto. Me dijo que su padre y su madre habían ido a verla. Al final de la visita los llevó al aeropuerto y embarcaron para su vuelo de cuatro horas de regreso a casa. Ese mismo día su padre la llamó. «Me dijo que tenía muy malas noticias. En el vuelo de regreso mi madre había sufrido un ataque de corazón cuando el avión iniciaba el descenso. Cuando aterrizaron, ya había muerto. Dos días más tarde, tuve que subir a un avión para regresar a casa para el funeral de mi madre.»

Me contó el largo y triste viaje a casa. Mientras observaba el paisaje que sobrevolaba, no podía evitar pensar cómo habrían sido los últimos momentos de su madre. ¿Estaba satisfecha con su vida? ¿Había muerto con un sentimiento profundo de satisfacción o se arrepentía de algo? ¿Tenía miedo o se sentía en paz? ¿Sabía lo mucho que la querían? En numerosas ocasiones los ojos se le llenaron de lágrimas y sollozó.

Al aterrizar, se fue directa al tanatorio y se encontró una sala abarrotada de personas que habían compartido la vida de su madre. Su madre era musulmana, pero aquella sala estaba llena de personas de todos los colores y religiones. La sala estaba repleta de amor. Dado que la hija vivía fuera desde hacía algún tiempo, no conocía a todo el mundo, y se pasó todo el rato preguntándole a su padre quién era toda esa gente.

Había una mujer sentada sola en una esquina. Cuando le preguntó a su padre quién era, él dijo que no lo sabía. Después de preguntar a algunos de los mejores amigos de su madre, pronto se dio cuenta de que nadie parecía saber quién era la desconocida de mediana edad que estaba sentada sola en una esquina. La chica fue hacia ella, se sentó a su lado y le dijo:

—Soy la hija pequeña, y todos nos estamos preguntando de qué conocía a mi madre porque nadie parece saber quién es usted.

—Siento decir que no conocía a tu madre —contestó la desconocida.

—¿Y por qué está aquí? —le preguntó la chica, perpleja.

—Hace muchos años estaba pasando un momento muy difícil en mi vida. Un día estaba tan desanimada que pensé seriamente en quitarme la vida. Había tomado un autobús para ir al centro y me senté junto a una mujer que leía un libro. Pero a mitad de camino lo cerró, lo dejó sobre el regazo, se volvió hacia mí y me dijo: "Señora, me parece que necesita hablar". No sé por qué, pero fue tan amable y tan abierta que le conté lo que me sucedía y lo que pensaba hacer.

Cuando llegué a casa, el rato que habíamos pasado juntas me hizo tomar una decisión distinta, que no sólo afectó a mi vida sino a la vida de muchos otros.

—Pero ¿qué tiene esto que ver con mi madre? —preguntó la hija.

—Bueno, estaba tan absorta en mis pensamientos que ni me presenté a aquella mujer, ni siquiera sabía su nombre. Pero hace dos días vi una foto suya en el periódico y he venido aquí esta tarde porque no conocía a tu madre, ni sabía cómo se llamaba, pero los veinte minutos que pasé con ella me salvaron la vida.

La joven lloró y luego esbozó una sonrisa. Luego volvió a llorar hasta que acabó llorando y sonriendo al mismo tiempo. Me comentó que se dio cuenta de que su madre había vivido toda la vida así. Tanto con sus hijos como con su marido, sus amigos o una desconocida a la que nunca más volvería a ver, el amor y la ternura eran su forma de entender la vida. Eso hizo que fuera una mujer muy feliz, y ahora su hija se daba cuenta de que además había sido muy especial en cosas que nunca hubiera imaginado. «La vida de mi madre giraba alrededor del amor, y así trajo la felicidad a otras personas y la encontró para sí misma. Pronuncie una oración: "Deja que tenga esa misma vida".»

Tom, el nativo metis y sanador que cayó en el hielo a los 13 años y encontró su destino, me contó: «Lo que hago hoy aquí, mi decisión de amar, repercute en todo el universo. En nuestra tradición creemos que todos los actos afectan a siete generaciones: mis hijos, mis nietos, mis biznietos, etc. Cada cosa que hacemos afecta a todo lo demás. Por lo tanto, cuando decidimos amar, tanto a nuestros hijos como a un extraño, cambiamos el futuro».

El tercer secreto es *sé amor*.

Aquí tienes cuatro preguntas en las que puedes pensar cada semana para ayudarte a vivir este secreto:

- ¿He dejado un hueco para mis amigos, familia y relaciones hoy/ esta semana? ¿He dado mayor importancia a las cosas que a las personas?
- ¿He sido amable y he actuado con amor hoy/esta semana con mis allegados? ¿Cómo quiero darles más amor mañana o esta semana?
- ¿He difundido el amor y la amabilidad en el mundo hoy/esta semana en cada interacción? ¿He actuado como si cada desconocido fuera alguien para quien yo pudiera resultar importante?
- ¿A cuál de mis lobos he alimentado hoy/esta semana? ¿He pasado tiempo con gente que me ha animado? ¿He actuado con amor hacia mí mismo hoy/esta semana? ¿He hablado conmigo mismo o me he hipnotizado de forma negativa? ¿He plantado flores o cizañas en mi subconsciente?

6

El cuarto secreto: vive el momento

«Si vives la vida pensando en el mañana,
siempre te faltara un día para sentirte realizado.»
LEO BUSCAGLIA

«A veces tu alegría es el origen de una sonrisa,
aunque otras veces una sonrisa puede ser el origen de tu alegría.»
THICH NHAT HANH

Si escuchas a doscientas personas hablar de sus vidas, personas de razas y procedencias diferentes de la tuya, empiezas a darte cuenta del denominador común que compartimos. A menudo, gente de orígenes muy distintos usa casi las mismas palabras para describir su experiencia personal e intransferible.

Una de las frases que más pude oír en esas más de doscientas conversaciones era que «todo pasa tan rápido». Elsa, a sus algo más de setenta años, quizás expresó lo que mucha gente me dijo de diferentes formas: «Cuando eres joven, sesenta años te parecen una eternidad. Pero después de haberlos vivido, te das cuenta de que son apenas un momento». Creemos tener todo el tiempo del mundo, pero pronto vemos que no es verdad.

Si la vida pasa muy deprisa, entonces uno de los secretos para ser felices es aprovechar el tiempo que tenemos, encontrar la forma de que cada instante y cada día sean un regalo. Thoreau lo llamaba «mejorar la oportunidad que se presentara». Al escuchar las historias de la vida de esas personas, tuve claro que el cuarto secreto es *vivir el momento.*

Dicho de forma simple, vivir el momento significa estar plenamente en todos los momentos de nuestra vida, no juzgar nuestras vidas sino vivirlas plenamente. Significa que no debemos centrarnos en el pasado o en el futuro, sino experimentar cada momento con gratitud y sentido. Significa reconocer que tenemos la capacidad en cada momento de elegir la satisfacción y la felicidad. Cuando escuchaba a esas personas, llegué a la conclusión de que con este secreto, vivir el momento, me decían que juzgara menos mi vida y la disfrutara más.

Francamente, siempre he oído que uno de los secretos para conseguir la felicidad es vivir el momento, pero no estoy seguro de que supiera lo que quería decir hasta que hice esas entrevistas. Vivir el momento no es sólo tomar cada momento como viene, sino algo mucho más significativo. Lo primero que aprendí es que las personas sabias ven cada día como un gran regalo.

La decisión de estar siempre presentes

Max, un hombre de unos sesenta años, me habló de una persona con la que coincide cada día. «Cuando saco a pasear al perro, me encuentro con un hombre que debe de tener más de ochenta años y todavía está inmerso en un montón de actividades. Al verlo, le pregunto cómo está y él siempre contesta del mismo modo, con un entusiasta "¡Aquí estoy!" Sé que lo que realmente quiere decir es "Doy gracias por estar vivo y me doy cuenta de que es un regalo fabuloso".»

Cuando me habló de ese hombre, pensé en todas las personas que he conocido a lo largo de los años a las que, al preguntarles cómo estaban, respondían algo así como: «Bueno, aquí estoy». Solían pronunciar esas palabras con una especie de resignación triste, como si en realidad quisieran decir: «Preferiría estar en otra parte, pero estoy aquí». Lo que aprendí de esas conversaciones es que las personas felices están aquí plenamente, dondequiera que se encuentren y hagan lo que hagan.

Max había sido crítico teatral durante décadas y había asistido a cientos de funciones. Me contó que en muchas representaciones le costaba prestar atención. «A veces estaba haciendo la crítica de una obra, pero resultaba tan sumamente aburrida que me parecía una completa pérdida de tiempo. Entonces, me daba cuenta de que nadie me iba a devolver esas dos horas de mi vida, por lo que intentaba encontrar algo interesante y que me hiciera disfrutar de la obra. Si queremos vivir plenamente, tenemos que desterrar la palabra *aburrimiento* de nuestro vocabulario; en cada momento tenemos que estar del todo presentes y aprovechar lo que ese instante nos pueda ofrecer.»

Cada día es un regalo

Una de las cosas de las que me di cuenta es que todas esas personas sentían una especie de intensa gratitud por el hecho de estar vivas y estaban decididas a que ni un solo día pasara en balde. Joel, de unos sesenta años, me contó que durante mucho tiempo empezaba y acababa el día con un ritual. «Cada mañana me levanto y rezo una breve plegaria: "Gracias, Señor, por otro día". Como científico, siento un absoluto respeto por la existencia cuando pienso en el milagro que vivimos; cuando pienso en mí como entidad consciente, aquí en la Vía Láctea, con este sentido y esta capacidad. Le pido a Dios que no me permita malgastar este día, sino que pueda ser consciente a lo largo del mismo del regalo que supone vivir. Al término de la jornada, antes de acostarme, pienso en todas las cosas buenas que me han pasado, por insignificantes que sean, y doy gracias por haber podido tener un día así.»

Séneca, el filósofo romano, dijo que «debemos contar cada día como una vida independiente». Cada día no es un paso en el camino hacia nuestro destino, sino que es nuestro destino. Empezamos a *vivir el momento* cuando reconocemos el gran regalo que supone estar vivos un día más y decidimos no malgastar ni un solo momento, no arruinarlo viviendo en el pasado o en el futuro.

Primero debemos asegurarnos de que *vivimos la vida* en vez de *planificarla*. Si no tenemos cuidado, nos podemos encontrar *siempre atareados* en nuestro camino hacia lo que creemos que nos traerá la felicidad. Podemos acabar diciéndonos que «seremos felices si…» o que «seremos felices cuando…» No se trata de no planificar o anhelar cosas que todavía no hemos conseguido o experimentado, sino más bien de darnos cuenta de que siempre encontramos la felicidad si somos capaces de vivir el momento presente.

Mi perra ha sido para mí una excelente maestra en este tema. Todos los días, cuando no estoy de viaje, salgo a pasear con mi perra *Molly* por la montaña cerca de donde vivimos. Paseamos durante cuarenta minutos subiendo y bajando por la montaña. Después de hacerlo durante varios años, me di cuenta de un hecho curioso: mi perra lo pasaba mucho mejor que yo.

Para mí, el objetivo no era más que llegar a la cima y volver a bajar. No disfrutaba del paseo en sí. Caminaba para hacer ejercicio y con un poco de suerte para tener una vida más larga, en vez de percibir esos paseos como un hecho importante en sí mismo. Sin embargo, *Molly* disfrutaba muchísimos con esos paseos. Si nos encontrábamos con otro perro, se paraba a saludarlo. Si veía algo interesante, se detenía a examinarlo. Se pasaba casi todo el tiempo «oliendo las rosas» mientras yo me dedicaba a suplicarle que siguiera adelante: «Venga, vamos, no te entretengas», para poder alcanzar el objetivo. Ella vivía el momento; yo no.

Después de darme cuenta de esto, decidí plantearme los paseos del mismo modo que lo hacía ella. A partir de entonces, al encontrarnos con un vecino, solía detenerme a charlar con él; si veía una panorámica de la montaña o una flor bonita, me paraba a disfrutar del momento, y si por casualidad me encontraba con un amigo, me tomaba el tiempo necesario para conversar en vez de apresurarme a mi destino. Se ha convertido en una metáfora de cómo vivo la vida.

Vivir como si fuera tu última puesta de sol

John, el pintor de 93 años, me habló de algo de lo que se dio cuenta después de cumplir los noventa. «Me gusta decir a la gente que tengo casi noventa y cuatro años tanto como a un niño le gusta decir que tiene casi ocho, porque desde que cumplí los noventa valoro mucho más cada día.»

Me habló de la mortalidad y del número limitado de años que le quedaban y sobre cómo al darse cuenta de ese hecho había cambiado su experiencia diaria. «Cuando llegas a mi edad, siempre te preguntas cuánto tiempo te queda. Tengo unas biznietas de seis y ocho años. ¿Hasta cuándo viviré para verlas crecer? ¿Podré ver cómo acaban la primaria? Sé que es poco probable que vea cómo acaban el instituto. Ahora, cuando veo una preciosa puesta de sol o un espectáculo de ballet que me gusta, lloro. No lloro porque me haya gustado mucho, sino porque no sé cuántos más veré. Cuando eres joven, te dicen que aproveches el momento, pero no acabas de entender a qué se refieren. Ahora sí lo sé, y es verdad, nunca sabemos cuánto tiempo nos queda, y por eso es importante apreciar cada momento como si fuera el último.»

Sus palabras me recordaron una frase de la película *El último show*, cuando el personaje de Garrison Keillor dice: «Cada programa es el último» (y al final resulta que fue la última película que dirigió Robert Altman). Las palabras del anciano pintor pronto se convirtieron en una imagen importante en mi vida. Cada vez que tengo un momento de alegría me digo a mí mismo que nunca sabemos cuántos momentos más habrá como ése. En vez de pasar rápidamente por ellos, intento disfrutarlos. En ocasiones, incluso me pongo a llorar del mismo modo que describía John.

Con los años he conocido a unas cuantas personas que han padecido cáncer. Uno de los comentarios más habituales de los pacientes de cáncer es que, cuando les dieron el diagnóstico, pasaron dos cosas. Por un lado, el tiempo se aceleró. De pronto parecía que el tiempo pasara más rápido. También cuentan que parece que el tiempo vaya más despacio. De repente cada momento y cada día se atesoran y se viven al máximo. A menudo por primera vez en sus vidas no tienen la sensación de tener que *matar el tiempo* mientras hacen algo, y no dejan pasar ningún día como si no importara. Por ese motivo, en algunos grupos de apoyo, los pacientes de cáncer se refieren a la enfermedad como *el regalo*. Aunque parece difícil imaginar que alguien esté agradecido por una enfermedad potencialmente mortal, es un regalo poder ser consciente de que cada día es un bien preciado y se debe vivir plenamente.

Poco después de terminar las entrevistas, empecé a dedicar un tiempo a meditar después de despertarme, para poder expresar mi gratitud por estar vivo y la esperanza de poder vivir plenamente ese día. Al final del día, medito de nuevo, expreso mi gratitud por las cosas buenas que me han pasado en esas veinticuatro horas. Me he dado cuenta de que en los días en que siento la tentación de matar el tiempo, e incluso en los más duros, soy capaz de encontrar un momento para la gratitud.

Sólo existe el momento presente

La segunda cosa que aprendí sobre este tema de las personas que entrevisté es que siempre debemos vivir el momento, que el presente es lo único sobre lo que tenemos algún tipo de dominio. Si tenemos que poner en práctica el cuarto secreto, debemos optar por vivir el presente.

Vivir el presente significa reconocer que no tenemos ningún tipo de poder sobre el pasado o sobre el futuro. El pasado ya ha sucedido y lo hemos dejado atrás. No tenemos ninguna potestad para cambiar lo ocurrido. El arrepentimiento o la alegría que podamos sentir han quedado congelados en el tiempo. Si nos centramos en el pasado, especialmente a través de nuestro arrepentimiento, lo único que conseguimos es evitar ser felices en el presente. Cuando empecemos a lamentarnos del pasado, tenemos que convencernos de que no tenemos ningún poder sobre el pasado, de ninguna clase.

Pero ¿no tenemos ningún poder sobre el futuro? Al fin y al cabo, el futuro todavía no ha llegado. Es curioso, pero en el presente no podemos hacer nada para cambiar el futuro. Pensemos en todo el tiempo que pasamos preocupándonos por el futuro. ¿Me pondré enfermo? ¿Le pasará algo malo a la gente que quiero? ¿Habrá una guerra o una crisis económica? ¿Me abandonará mi mujer? ¿Mis hijos tendrán un buen futuro? ¿Mi empresa reducirá la plantilla? Preocuparnos por el futuro sólo tiene un poder real: arrebatarnos la alegría. Como dijo Leo Buscaglia: «La preocupación nunca le arrebata la tristeza al mañana, lo único que logra es arrebatarle la alegría al día de hoy».

Por supuesto, nuestras acciones en el presente pueden influir en el futuro, pero todo lo que podemos hacer es vivir el momento actual plenamente y saber que cuando llegue el mañana lo recibiremos con la misma energía que recibimos el presente.

Es muy fácil afirmar que hay que vivir el presente, pero resulta bastante más difícil hacerlo. Para poder vivir el presente debemos entrenarnos, a menudo durante bastantes años. La meditación es una gran forma de entrenarse para vivir el momento. Las prácticas del silencio y la meditación están presentes en todas las tradiciones espirituales, incluida la monástica católica y el budismo. Cuando aprendí a meditar, una actividad cuyo objetivo esencial es despejar la mente para situarla del todo en el ahora, al principio tenía la cabeza en otra parte: en el pasado, en el futuro, en las facturas de las tarjetas de crédito y en la lista de las tareas pendientes. Al final, gracias a la formación que recibí, mi mente fue capaz de bloquear todos esos pensamientos.

Practícalo. La próxima vez que te sientas perdido en un mar de lamentaciones por el pasado, limítate a decirle a tu mente: «No puedes hacer nada por el pasado, regresa al presente». Si al cabo de diez minutos te das cuenta de que vuelves a las andadas, repite las mismas palabras. Haz lo propio también cuando te preocupes por el futuro. Dile a tu mente: «No puedes cambiar el futuro; lo único que puedes hacer es aprovechar el presente: vuelve al presente». Con el tiempo, te darás cuenta de que vives cada vez más en el presente, sobre el cual tienes poder y puedes actuar.

Hablar con uno mismo es algo importante que la gente no suele tomarse en serio. Como dije en el capítulo anterior, todos los días tenemos entre 40 mil y 60 mil pensamientos, y éstos son finalmente los que nos configuran. Si permitimos que nuestros pensamientos vivan todo el tiempo en el pasado o en el futuro, arrepintiéndonos de las cosas que hicimos o pensando en lo que tenemos que hacer, enseñamos a nuestra mente a evadirse del momento actual.

Al escuchar a esas personas mayores y sabias, me di cuenta de que una de las cosas que tenían en común, algo que me sorprendió y me encantó al mismo tiempo, es que controlaban sus mentes; sabían que *tenemos el poder de adiestrar la mente*. Mucha gente vive convencida de lo contrario, que de algún modo nuestra mente es esclava de las circunstancias externas. Por el contrario, he descubierto que las personas felices saben que tenemos mayor dominio sobre nuestra mente de lo que cree la mayoría.

Vivir el presente significa saber que en cada momento tenemos la capacidad de optar por la satisfacción y la gratitud. Don, el psicólogo que sacó a bailar a la chica que le gustaba en su primer año de facultad, me habló de cómo había cambiado su percepción de la capacidad de control que tenemos de nuestra felicidad. «Cuando era joven creía que el mundo exterior determinaba cómo me sentía. Veía una puesta de sol y me encantaba. Cuando el sol se había puesto del todo, me preguntaba adónde había ido ese sentimiento. ¿Era el sol el que me producía la felicidad? Empecé a darme cuenta de que la capacidad de crear esos sentimientos positivos se encontraba en mi interior, no *fuera*. Años más tarde, un mentor me dijo que todo lo que tenía que hacer era dejar la mente a un lado, y por fin lo entendí.»

Me contó una sencilla fórmula para vivir la vida: «Me he regido por dos principios. Uno es que si vale la pena hacer algo, vale la pena hacerlo con entusiasmo, como estar aquí hablando contigo o fregar los platos. No hay que hacer las cosas sólo para quitárselas de encima. El segundo es que tienes la capacidad de modelar tus pensamientos. Todo está en tu cabeza».

Enseñar a nuestras mentes a conseguir la felicidad

Cuando Don me dijo que, de hecho, la felicidad está «en la cabeza», vi la luz. La idea de que podía optar por la satisfacción y la felicidad en cualquier momento era crucial y podía cambiar mi vida. Don no me decía que fuera fácil o que no exigiera años de práctica, simplemente que era posible. Lo que esas personas sabias me recomendaban era que practicara una especie de rendición frente a la vida. No era rendirme por resignación, aceptar las circunstancias con resentimiento; lo que decían era que el poder para encontrar la felicidad estaba dentro de mí, no fuera. Me decían que si practicaba podría escoger la satisfacción en cualquier momento. Poco a poco empecé a realizar unos ejercicios sencillos: al levantarme cada mañana expresaba mi gratitud, centrándome en las cosas buenas que habían pasado el día anterior, frenando la preocupación incesante por el futuro (y volviendo al momento presente), y absorbiendo al inspirar todos los momentos de mi vida como si fueran preciosos, como si fueran un número limitado. Ojalá hubiera alguna fórmula mágica o mística para vivir el presente, pero lo que me enseñaron esos maestros fue que se tarda tiempo y se necesita mucha práctica para aprender este secreto.

Mucha gente puede recordar cosas que les contaron sus padres o sus abuelos a las que por aquel entonces no prestaron atención, pero que con el tiempo se han dado cuenta de que eran ciertas. Bill, que ahora tiene unos sesenta años, señaló que cuando él y sus hermanos eran pequeños, su madre entraba en su cuarto y los despertaba abriendo las cortinas de par en par y diciendo: «Empieza el día con alegría, la vida está en vuestras manos». Bill confesó que «en aquel momento odiaba que mi madre hiciera eso, pero creo que me ayudó porque me recordaba constantemente que la vida no es lo que te pasa, sino cómo reaccionas frente a ella».

Vivir el momento significa optar por la gratitud. Todos esos ancianos sabios nos decían una y otra vez que para sentirnos realizados debíamos mostrar gratitud. Muchos contaron que con los años había aumentado su gratitud y estaban menos preocupados por lo que no tenían. La gratitud representaba toda una «filosofía de la vida» y no una simple actitud.

Todas esas personas tenían una gracia especial en sus vidas que creo que forma parte del secreto para obtener la felicidad. Habían aprendido que lo único que podemos hacer todos los días es dar lo mejor de nosotros mismos. Todos los días podemos levantarnos y decidir que la vida es un regalo y que vamos a entregarnos plenamente durante el día. No siempre podemos controlar el resultado, pero podemos controlar nuestras reacciones. Todos los días lo podemos dar todo de nosotros mismo, vivir con plenitud, considerar que esas veinticuatro horas son un gran regalo. Todos los días podemos educar a nuestra mente para que no se obsesione con el arrepentimiento, para que no se preocupe por el mañana, sino que aprovece el presente. Todos los días podemos dar gracias por lo que nos haya pasado. Y podemos decidir no juzgar nuestras vidas a cada momento (si tengo éxito, soy infeliz, bueno, malo, si cometo errores), sino simplemente vivir la vida.

Hace algunos años, estaba hablando a un nutrido público y había un joven de unos treinta años sentado justo en el centro de la primera fila de la sala. Durante toda la conferencia escuchó con gran atención. Tomó muchas notas, se rió con ganas cuando dije algo gracioso y lloró con vehemencia cuando conté una historia conmovedora. De vez en cuando, daba un codazo al chico que tenía sentado justo al lado para que prestara atención. Al término de la conferencia, vino a hablar conmigo y me preguntó si le podía dedicar uno de mis libros. Mientras firmaba, me dio las gracias por mi «gran libro», pero yo le dije:

—No, soy yo el que te tiene que dar las gracias a ti. —Y añadí—: Has desprendido tanta energía durante la conferencia que he notado cómo me llenaba sólo con mirarte. Y ahí estabas, sentado en primera fila.

—Lo aprendí de mi abuela —dijo—. Cuando murió el año pasado, nadie lloró en su funeral. Estábamos tristes, pero también nos reímos mucho; al morir mi abuela todos sabíamos que no había dejado nada pendiente. Había aprovechado al máximo la vida: vivía todos los momentos con plenitud, disfrutaba de todos los placeres, tomaba todo lo que la vida le podía ofrecer. Y mi abuela lo había dado todo por los demás: cada día se entregaba al máximo a todo el mundo, era amable con todos. Por lo tanto, al observar a mi abuela, aprendí que si siempre te sientas en primera fila, todos los días y en todos los momentos, morirás siendo una persona feliz.

Quizá todos deberíamos empezar el día como aconsejaba Joel. Al levantarnos, deberíamos dar las gracias por estar vivos un día más y rezar para no malgastarlo. Al encontrarnos con alguien, deberíamos saludarlo con un entusiasta «aquí estoy», y enviar así a nuestro subconsciente una declaración de presencia y gratitud. Cuando nos demos cuanta de que nuestra mente anda extraviada entre el arrepentimiento por el ayer y las preocupaciones por el mañana, tenemos que devolverla al presente. Durante todo el día, deberíamos valorar todos los placeres, como hacía John, el pintor de «casi 94 años», porque ésa puede ser nuestra última jornada. Y al final de la misma, deberíamos recordar todo lo bueno que nos ha pasado, por insignificante que sea, y pedir otro día más.

El cuarto secreto es *vivir el momento*.

Aquí tienes cuatro preguntas en las que puedes pensar cada semana para ayudarte a vivir este secreto:

- ¿He disfrutado plenamente de lo que he hecho hoy/esta semana? ¿Lo he vivido de verdad o simplemente lo he presenciado?
- ¿He aprovechado todos los placeres que me ha brindado la vida hoy/esta semana (he «olido las flores» de verdad)? ¿He andado con los cinco sentidos por mi vida o me he pasado el rato corriendo?
- ¿Por qué cosas me siento agradecido hoy/esta semana? ¿He pensado «Sería feliz si…»? ¿He escogido el camino de la felicidad y la satisfacción esta semana?
- ¿He vivido el presente hoy/esta semana? ¿O he dejado que el ayer y el mañana me arrebatasen la felicidad de hoy?

7

El quinto secreto:
da más de lo que recibes

«Un individuo no ha comenzado a vivir de verdad mientras
no haya traspasado los estrechos confines
de sus aspiraciones particulares para adentrarse
en el vasto universo de los anhelos de toda la humanidad.»
MARTIN LUTHER KING, JR.

«La vida no es una breve llama. Es una antorcha espléndida
de la que ahora soy portador y que deseo que resplandezca tanto
como sea posible antes de pasársela a las generaciones futuras.»
GEORGE BERNARD SHAW

Hace muchos años, cuando era un joven pastor, oficié el funeral de
un hombre que no conocía. Nunca olvidaré ese día, mientras estaba
de pie junto al ataúd cerrado, haciendo un panegírico a un público
inexistente. Aunque el hombre había vivido en aquel país durante la
mayor parte de su vida, y aunque sus dos hijos mayores sólo vivían
a unas dos horas de distancia, no asistió al entierro ni una sola persona. El director de la funeraria y yo fuimos los únicos presentes. En
aquel momento yo sólo tenía 25 años, pero la experiencia me produjo un gran impacto. Me preguntaba cómo era posible que alguien
hubiera vivido tanto y, en cambio, hubiera dejado huella en tan pocas personas.

Con el tiempo, cuando averigüé más cosas sobre la vida de aquel hombre, me di cuenta de que se había centrado casi exclusivamente en sus necesidades. Durante sus últimos años, había vivido profundamente amargado, y sea lo que fuere que había aportado al mundo, había muerto con él. Su funeral fue un símbolo de su vida: murió como había vivido.

El funeral de mi abuelo fue una experiencia completamente distinta. Cuando llegó el día, a la familia nos sorprendió el gran número de asistentes. Siempre había sido un hombre discreto, pero mi madre habló con muchos desconocidos que se acercaron a ella para contarle que mi padre había hecho mella en sus vidas. El responsable del tanatorio se disculpó porque la sala era «demasiado pequeña para la vida que había llevado» mi abuelo. En ese mismo lugar, un hombre le contó a mi madre que, cinco años atrás, se encontraba ante el escaparate de una tienda en el que había expuesto un vestido de fiesta que quería comprarle a su hija, pero que no podía pagar. Mi abuelo pasó por ahí y después de hablar con él un rato, insistió en comprárselo, aunque no tenía mucho dinero, y le dijo: «Devuélvamelo cuando puedas». Toda esa gente había venido al funeral no por lo que mi abuelo había recibido del mundo, sino por lo que había dado.

Cuando hablamos con los sabios entrevistados sobre sus vidas, una de las preguntas que planteamos fue: «¿Qué es lo que más sentido ha dado a tu vida?» Lo que descubrí al escuchar sus respuestas es el quinto y último secreto que debemos descubrir antes de morir. El secreto final es *dar más de lo que recibes*.

Funerales de diez minutos y funerales de diez horas

La gente me decía una y otra vez que lo más importante en la vida es lo que dejas, lo que ha cambiado con tu presencia. Aunque la gente percibía de formas muy diversas por qué había sido *importante* su

vida, este aspecto aparecía una y otra vez. Para algunos, lo importante era haber vivido lo suficiente para ver que sus hijos se conver-
tían en adultos sanos con una vida útil y llena de amor. Otros valo-
raban el trabajo que habían hecho y cómo esa labor afectaría al
futuro. Para algunos otros, era simplemente saber que al dar más de
lo que habían recibido cada día, de algún modo habían encontrado
la felicidad. Al escuchar a estas personas, sobre las que otros habían
dicho que habían encontrado la felicidad, nos dimos cuenta de que
los que más dan son los que se sienten más felices en sus vidas.

Ken, de 64 años, había hallado la felicidad en la barbería de un
pequeño pueblo de Iowa. Durante casi cuarenta años, había escuchado las historias de aquellos a quienes cortaba el pelo y había descubierto una forma de ser útil.

«Lo que descubrí es que la mayor felicidad que encuentras en la
vida siempre está relacionada con lo que has dado, nunca con lo que
has obtenido. Las personas que venían a mi barbería tenían una
vida dura trabajando la tierra. Durante media hora, les servía, les
ayudaba a relajarse y hacía algo por ellos. Pero lo mejor de ser barbero es que te implicas en la existencia de esas personas. Ser barbero es como ser cura, la gente viene y te cuenta su vida. Puede ser un
adolescente que tiene problemas con sus padres o un hombre que
tiene dificultades en casa. Escuchas y, de algún modo, intentas ayu-
darlos. El mayor placer en la vida es ver que has mejorado algo las
cosas.»

Ken me contó que había asistido a muchos entierros. Incluso a
veces le llamaban de la funeraria para que cortara el pelo a un difunto. «Cuando eres el barbero de un pueblo, conoces bastante bien
a todo el mundo, por lo que he asistido a un montón de funerales.
Me he dado cuenta de que hay funerales de diez minutos y los hay
de diez horas. Hay gente que vive una vida que afecta a tantas personas de forma positiva que éstas quieren estar presentes y hablar
sobre la vida del difunto. Otros viven más centrados en sí mismos y

eso no les ocurre. Creo que tienes que vivir como si quisieras tener un funeral de diez horas.»

Al escuchar a Ken, no pude evitar imaginarme mi propio funeral. ¿Sería un funeral de diez minutos o de diez horas? ¿Había vivido de manera que el resto de la gente pudiera sentir que mi vida había sido una bendición para ellos? Me costaba admitir que, cuando era joven, me había imaginado algunas veces cómo sería mi funeral si hubiera muerto de forma prematura. Con cierta grandilocuencia, me imaginaba las lágrimas desconsoladas de los asistentes. Ahora, como hombre de mediana edad, me doy cuenta de que no vivimos para poder tener un bonito funeral o responso. Tenemos un bonito funeral porque hemos llevado una vida plena. Esto es lo que Ken había descubierto en su barbería.

Jack, de 67 años, había estudiado ingeniería y había empezado a trabajar con su padre a regañadientes. Más tarde, había podido observar de cerca la vida de su padre y sabía perfectamente lo que suponía una vida dedicada a dar. «Mi padre fue el principal referente de mi vida. Era una persona increíblemente buena. Era el dueño de una empresa de éxito, y aun así ofreció participaciones en la empresa a los empleados a principios de la década de 1960 porque creía que era lo que se debía hacer, mucho antes de que fuera una cosa habitual. No estaba muy interesado en el dinero, se preocupaba por la integración racial; si preguntaras a un millón de personas, casi todas te dirían que mi padre era la persona más de fiar de Dallas. Trabajaba mucho y daba trabajo a los demás. Pero su mayor virtud era simplemente ser tan buena persona; le admiraba, veía cuánta gente le admiraba. Supongo que eso influyó en mi definición de éxito.»

Durante varias décadas, Jack había dirigido una de las empresas privadas más respetadas de Estados Unidos, había sido miembro directivo de muchas organizaciones y ahora era el director en una importante escuela de una gran ciudad. Cuando le pedí que me contara qué era lo que más sentido había dado a su vida, me dijo: «Bueno, primero mis hijos y que hayan salido bien. Si tienes hijos, creo que el precio de entrada en la raza humana es que sean mejores personas de lo que fuiste tú. Hay que pasar el testigo a la siguiente generación. Pero también estoy orgulloso de nuestra empresa y del impacto que hemos tenido en la vida de la gente. Supongo que lo que me gusta es mejorar las cosas».

Cuanto más los escuchaba, más me daba cuenta de que la gente feliz *da mucho más de lo que recibe*. Puede que no sean tan generosos como la madre Teresa o Gandhi, pero han descubierto que cuanto más dan, más felices son.

Pregúntate qué espera la vida de ti

Victor Frankl era un psicoterapeuta judío que estuvo prisionero en los campos de concentración nazis de 1942 a 1945. Al cabo del tiempo, el doctor Frankl contó sus experiencias en el libro *El hombre en busca de sentido*. Una de las partes más importantes del libro habla del suicidio.

Frankl analiza cómo muchos prisioneros en los campos contemplaban la posibilidad de suicidarse, lo que no resulta extraño porque habían sufrido una enorme cantidad de vejaciones, porque les habían arrebatado la libertad, el sustento, el hogar, la familia y la dignidad. Frankl observó que no se puede convencer a nadie para seguir viviendo diciéndole que recibirá algo del mundo, que el futuro le deparará algún tipo de felicidad. Sin embargo, si puedes convencer a una persona de que el mundo espera algo de él, que podría hacer algún bien en su vida, casi siempre optará por seguir viviendo. Frankl llegó a la conclusión de que la gente que sabe «que el mundo espera algo de ellos nunca malgastan su vida».

Una de las razones por las que *dar más de lo que recibimos* es uno de los secretos para tener una vida feliz y con sentido es porque tenemos un gran control sobre lo que damos (pero casi ninguno sobre lo que recibimos). Todos los días tenemos el poder de dar sin límites. Podemos decidir ser amables, servir, amar, ser generosos y mejorar el mundo de algún modo. Llegué a la conclusión de que hay algo en nosotros que ansía contribuir de alguna forma mientras estamos aquí.

Antony, de 86 años, había sido actor toda su vida, tanto en el cine como en el teatro, en producciones de varios continentes, y todavía dirigía y actuaba. Desde que nos conocimos, tuve claro que había vivido los cinco secretos. Amaba su oficio y había seguido los dictados de su corazón. Había dejado un hueco en su vida para amar y ser amado. Aunque disfrutaba de los aplausos y los elogios, me dijo que lo que realmente le importaba era ver que había influido en la gente.

«Cuando era joven, lo principal era el papel que hacía. Pero cuando te haces mayor, te das cuenta de que proporciona muy pocas alegrías que te paguen por fingir que te entusiasma una taza de café; quieres saber que el trabajo que haces vale la pena. Hace poco interpreté a Morrie en la obra *Martes con mi viejo profesor*, y las críticas fueron muy buenas. Pero lo más importante para mí fue una carta que recibí de un chico que había ido a ver la obra. Estaba de visita con su familia, procedente de Corea, y me escribió para decirme que era la primera obra de teatro que havía visto y que mi actuación había cambiado su concepto de la vida y de lo que importa en realidad. Su carta fue mucho más trascendente para mí que todos los aplausos.»

Este actor de 86 años también me recordó que a menudo no nos damos cuenta durante muchos años de cómo nuestra vida ha marcado la diferencia. Antony me contó una maravillosa historia sobre una experiencia que tuvo con un antiguo alumno.

«Cuando era bastante más joven, di clases de interpretación en Inglaterra, y aunque siempre me había gustado más actuar que enseñar, creo que ejercí una influencia positiva en los alumnos. Quizás es porque no les enseñaba a actuar como yo, sino que intentaba ayudarles a descubrir su propio estilo.»

Casi cuarenta años después de haberse ido a vivir a Canadá, volvió a Inglaterra con su mujer por trabajo y se puso en contacto con él un antiguo alumno, quien le preguntó si podía invitarlos a cenar cuando estuvieran en Londres y les dio una dirección para la cita. Cuando Antony y su mujer llegaron, se dieron cuenta de que era un restaurante carísimo de alta cocina.

Cenaron de maravilla y pasaron un buen rato poniéndose al día con el alumno. Cuando llegó la cuenta, Antony dijo que la podían pagar a medias porque sabía que sería una suma muy considerable. Pero Kenny, que había sido su alumno hacía cuarenta años, no aceptó su ofrecimiento.

«No, insisto en pagar yo. ¿No se da cuenta —dijo su antiguo alumno, que ahora pasaba de los cincuenta— de que todo lo que tengo se lo debo a usted? Lo que me enseñó me cambió la vida. Me animó a ser actor y me enseñó lo que significa ser un profesional. Sus clases fueron la clave de mi éxito.»

Aunque guardaba un buen recuerdo de aquel alumno, no tenía ni la más remota idea de qué era lo que había podido cambiar en su vida. «Entonces, me di cuenta de que nunca sabemos hasta qué punto dejamos nuestra huella en los demás. Solemos ignorarlo durante años y puede que nunca lo lleguemos a averiguar. Me conmovió enterarme de que había influido tanto en su vida.»

Lógicamente, esto nos pasa a todos, y no sólo a Antony. A menudo sólo vemos la punta del iceberg de la influencia que ejercen nuestras vidas. Muchos de los que entrevistamos nos contaron historias de entierros a los que habían asistido que estaban llenos de gente que hablaba de las cualidades del difunto y cómo habían marcado sus vidas. Dejamos huella, aunque no nos demos cuenta.

Una de las conclusiones a las que llegué en estas entrevistas es que muchos ansiamos una conexión con algo mayor que nosotros mismos. Ser generosos nos conecta con algo más. George, un físico de 71 años, me expuso sus creencias espirituales: «Cuanta más física estudio, más creo en la conexión que hay entre todas las cosas. Existe un grado de interconexión en el universo que no acabamos de entender». Y añadió: «Tarde o temprano te das cuenta de que no te llevarás nada contigo, pero puedes dejar algo detrás».

La gran tarea de la vida: abstraerse

En la época en la que realizaba las entrevistas, mucha gente me preguntó por el papel que desempeñaban la *religión* o la *espiritualidad* en la vida de las personas que, según los demás, habían encontrado la felicidad y el sentido de la vida. ¿Esas personas que otros consideraban sabias y felices solían ser «religiosas»? Descubrí que lo que esas personas tenían en común no era la religión en el sentido habitual de la palabra, sino una conexión con algo superior a ellos. Para algunos, era creer en un Dios personal; para otros, que estaban conectados al viaje de toda la humanidad (lo que hay antes y después de nosotros), y para otros era creer que hay un gran misterio al que estamos todos conectados como seres humanos. En todos los casos, lo fundamental de esta conexión era la importancia de ser útil y caritativo. Jim lo expresó de este modo: «Lo que dio sentido a mi vida fue saber que dejé el campamento mejor de lo que lo había encontrado».

Cuando Dick, de 70 años, era un adolescente, sintió una profunda conexión con Dios. «Dios entró en mi vida y lo que me ha hecho cambiar de verdad es la Regla de Oro, la sencilla idea de que hay que ser amable con los demás. He intentado cumplirla en mi trabajo y en mi vida personal. Con los años, me ha llevado a algunas situaciones increíbles. Por ejemplo, conocí a un indigente de barba cana en Nueva Orleans, adonde yo había ido con un amigo por motivos de trabajo. Paseábamos por el Barrio Francés por la noche cuando el pordiosero salió de la oscuridad y me pidió comida. Mi amigo se quedó de piedra cuando le invité a cenar con nosotros en un restaurante del barrio. Le dije que podía comer todo lo que quisiera, y así lo hizo. Cuando nos separamos, me dejó una nota de amor, en agradecimiento por mi amabilidad. Llevo un diario en el que escribo todas las veces que he podido seguir esta sencilla regla de ayudar a los demás. Y esto ha sido mi mayor felicidad.

Donald, de 84 años, creció en un hogar en el que la caridad era la base de una buena vida. «La idea de servir es sobre todo cristiana; para los judíos, lo esencial es la caridad. Cuando era un chiquillo, mis padres tenían unas cajas que guardaban junto a la puerta de casa. Cada noche mi padre, al llegar, metía algunas monedas en cada una de las cajas, que representaban obras de caridad distintas. Se aseguraba de que supiéramos para qué era cada caja para que entendiéramos las necesidades de los que ayudábamos. Del mismo modo que la Regla de Oro había guiado la vida de Dick, el concepto judío de *tzedaká*, que es la obligación de ofrecer caridad en general, y sobre todo a los pobres, había guiado la búsqueda de la felicidad de Donald.

Sin embargo, la idea de conexión a través del servicio a los demás no es exclusiva de los que poseen firmes convicciones religiosas. Los que dijeron claramente que eran ateos o agnósticos explicaron que la conexión con algo superior era un elemento básico para encontrar la felicidad. Bob, de 60 años, es biólogo, profesión que, como he contado antes, él le dijo a su madre que ejercería cuando apenas tenía diez años. Todo su mundo gira alrededor de la vida al aire libre y siente una profunda conexión con la naturaleza. «Cuando eres biólogo, te enfrentas a la sensación de pérdida todos los días, ya que ves cómo se destruye el mundo natural.»

La idea de que había contribuido a mejorar las cosas otorgaba un profundo sentido a su vida. «Puedo mirar un mapa y ver que habrá zonas verdes que me sobrevivirán. Sé que he ayudado a consolidar algunas organizaciones importantes que también seguirán cuando me haya ido. Para algunos, su legado son sus hijos, para mí es mi trabajo.»

Como he mencionado en la introducción, entrevistamos a algunos personas resentidas que se colaron en el grupo de entrevistados. Es decir, aunque pedimos a la gente que nos diera el nombre de personas que hubieran tenido una existencia larga y llena de sabiduría, nos encontramos con algunas personas que estaban amargadas con sus vidas. Me di cuenta de que una de las diferencias más importantes entre las personas mayores que estaban satisfechas con sus vidas y las que estaban amargadas era su sentimiento de conexión con algo superior a nosotros mismos.

Una de las conclusiones a las que llegué es que tenemos dos grandes tareas en la vida: *encontrarnos a nosotros mismos y abstraernos*. Nos encontramos a nosotros mismos descubriendo nuestro destino y siendo sinceros con nosotros mismos. Pero eso no es suficiente: también debemos abstraernos.

Abstraerse de uno mismo significa ver que estamos conectados con algo mucho mayor, algo que estaba antes que nosotros y que seguirá aquí cuando nos hayamos ido. Las tradiciones espirituales han dado muchos nombres diferentes a este fenómeno, pero el denominador común es la abstracción del yo como una entidad de gran significado. Tenemos un significado porque formamos parte de una entidad mayor. Para algunos es Dios, para otros es el viaje de la humanidad, para otros más, la naturaleza. Lo que descubrí es que los que han conseguido encontrarse y abstraerse de sí mismos han encontrado la felicidad. No hay mejor manera de abstraerse que dedicar nuestra vida a dejar el mundo mejor de lo que lo encontramos. Esto nos conecta con el futuro y nos vincula al pasado.

Nuestra conexión con la cadena de la vida es lo que proporciona sentido a nuestra existencia. Bill, de 64 años, dijo: «El sentido de mi vida me lo proporcionan mis dos hijos así como mis nietos, un sentido que va más allá de mi yo físico. Mis hijos son excelentes personas, que se preocupan por los demás. Entonces, pienso en mi madre, con sus 85 años, y me doy cuenta de que ella es la que me transmitió estos valores. Proporciona mucho sentido a la vida el hecho de formar parte de ese flujo, de una cadena de amor que se extiende a lo largo de múltiples generaciones».

Una de las historias más emotivas que escuché me la contó un hombre llamado Harvey, un antiguo empresario de 63 años que se convirtió en actor a los cincuenta y actuó en más de cincuenta películas. «El día más importante de mi vida ni siquiera lo recuerdo. Fue el día de mi nacimiento porque tuve la suerte de ser hijo de unos padres maravillosos (y es difícil tener una suerte mayor). Y no era tanto lo que decían como la forma en la que vivían lo que más me impactó. Mi madre era una mujer generosa y mi padre era muy caritativo. Siempre estaba dando y nos enseñó el valor de dar. Recuerdo perfectamente el funeral de mi padre en Montreal porque asistieron un millar de personas y yo no tenía ni idea de que hubiera conocido a tanta gente. Muchos se acercaron a mí para decirme, una y otra vez, que mi padre les había cambiado la vida.»

Pero lo que Harvey recuerda con más claridad es a un hombre que se le acercó y le dijo algo que no sabía de su padre: «Cuando era pequeño había muchos inmigrantes judíos en Canadá, procedentes de Europa del Este y Alemania. Había una organización llamada Hebrew Free Loan Association [Asociación Hebrea de Préstamos Gratuitos] que concedía créditos sin intereses a los nuevos inmigrantes. Este hombre se me acercó en el funeral y me contó que en los inicios de esa asociación mi padre había avalado todos los créditos». Pero nunca se lo había mencionado a Harvey, ni una sola vez en su vida. Harvey aprendió de su madre y de su padre que ser caritativo creaba el bien no sólo en las vidas de los demás, sino también en las vidas de los que daban.

Evidentemente, formamos parte de esta cadena de generosidad tanto si tenemos hijos como si no. Antony formaba parte de ella mediante sus clases. El padre de Harvey formaba parte de ella a través de sus obras de caridad que inspiraron otras obras de caridad. Y cada uno de nosotros podemos hacer que la llama del amor y la vida brille con más intensidad por el hecho de estar aquí o que brille con menos intensidad. Lo que aprendí en las entrevistas es que, cuando damos más de lo que recibimos, nos sentimos conectados a una historia más amplia que da sentido a nuestra vida. Aprendí que nos podemos abstraer en esta historia mayor.

Cuando escuchaba todas las historias de estas personas que se acercaban al fin de sus días, me di cuenta de que todos formamos parte de una cadena de la vida mucho mayor de lo que somos capaces de comprender. Llegamos al mundo creyendo que estamos solos y pensando que nuestra vida es lo más importante. Encontramos nuestra identidad en el mundo, pero llega un momento en que vemos que formamos parte de una entidad mucho mayor. Muchas de las personas que entrevisté me contaron cómo se habían dado cuenta de que eran una pequeña pieza de un vasto panorama. Encontramos la felicidad cuando pasamos a formar parte de esa historia mayor, nos centramos menos en nosotros mismos y nuestros pequeños problemas y nos unimos a algo superior. Muchas de las tradiciones espirituales se centran en esta paradoja: sólo renunciando al ego, a fijarnos en nosotros mismos, encontramos la verdadera felicidad.

Aunque mi objetivo en las entrevistas era ver cómo se encuentra la felicidad y el sentido de la vida a cualquier edad, creo que los entrevistados también me enseñaron mucho sobre cómo envejecer de forma vital. Una de las cosas más profundas que aprendí sobre envejecer es que las personas más felices eran las que estaban menos centradas en sí mismas. Hay pocas cosas más frustrantes que una persona mayor que sólo se interese por sí misma y por las pequeñeces de su existencia. Lo que descubrí es que las personas más felices habían tenido vidas plenas, habían descubierto lo que era importante para ellas y ahora les interesaba lo que dejarían tras de sí.

Durante varios meses, mientras escuchaba las opiniones de personas de más de sesenta años, fui cada vez más consciente de que vivimos de prestado. Cada generación toma «prestado» el mundo de la generación anterior y lo conserva para la generación siguiente. Cada generación es la administradora de este gran regalo mientras se encuentra aquí. Me fijé en que esas personas reconocían que la felicidad provenía de lo que daban y tenían un gran sentido de la responsabilidad respecto al futuro.

El jefe Ralph, de unos sesenta años, era el líder de un grupo aborigen de la isla de Vancouver, en la costa oeste de Canadá. Como era jefe electo, y no hereditario, no había sido elegido por su linaje sino por sus cualidades como persona. Me contó una preciosa historia sobre una experiencia que tuvo de adolescente.

«Vivíamos en el océano Pacífico, y cada año había una gran migración de salmones. Todos ansiábamos coger la barca y salir a pescar la comida que necesitábamos para el inverno. Un año, cuando mis hermanos y yo éramos adolescentes, salimos en barca con mi padre a primera hora de la mañana. Había tantos peces que en apenas un par de horas la barca estaba repleta de salmones y tuvimos que regresar. Los tres hermanos estábamos tan emocionados que nos apresuramos a sacar todos los peces de la barca para poder ir a pescar más.»

El jefe Ralph prosiguió con la historia: «Cuando le dijimos a nuestro padre que estábamos listos para volver a pescar, nos dijo: "No, hemos terminado". Le preguntamos que por qué. Sabíamos que había muchos más peces. Pero mi padre dijo que ya teníamos suficientes. Debíamos dejar algunos para los demás. Nos pasamos los dos días restantes ayudando a otros miembros de la tribu a remendar las redes para que pudieran pescar suficientes peces. Me acuerdo perfectamente».

Me parece una historia preciosa por muchas razones. Los adolescentes representan lo que creemos que es verdad cuando somos jóvenes. Salimos a pescar todos los peces que podamos. Creemos que encontraremos la felicidad en función del número de experiencias que tengamos o las posesiones que consigamos. Más adelante, a menudo demasiado tarde, descubrimos que amar, servir y estar conectados a algo superior es el alimento real del alma humana. El padre de Ralph sabía que vivían de prestado en este mundo. Era importante conseguir suficiente comida, pero también lo era no coger más de la necesaria. Los peces no pertenecían a su familia, ni siquiera a su comunidad. Cogían prestados esos peces de las generaciones anteriores o los conservaban para las numerosas generaciones que les seguirían. Sospecho que su padre sabía que la lección más importante que podía enseñar a sus hijos adolescentes no era cómo pescar sino que dar a los demás es la mayor alegría que puede tener un ser humano.

Una semana después de que el jefe Ralph me contara esta historia, leí que más del 80% de los caladeros de pesca están a punto de agotarse. Hemos pescado en las aguas de todo el mundo sin preocuparnos por las generaciones venideras. Otro anciano nativo, Búfalo Blanco Erguido, que había salvado la vida en el lago helado, me lo planteó de otra forma: «En nuestra tradición creemos en una espiral de la vida. Los humanos se encuentran en la parte superior de la espiral, pero eso no hace que seamos los más importantes, sino los más vulnerables. Dependemos del resto de seres vivos, pero no somos más importantes que ellos». Aún no es demasiado tarde para aprender las lecciones de los ancianos.

Me parece que del mismo modo que los seres humanos encuentran una mayor felicidad cuando ven su vida al servicio de un bien superior, toda una generación de seres humanos (o una sociedad) debe vivir de acuerdo con este quinto secreto. Cuando una generación o una sociedad se centra en la acumulación de más objetos y comodidades en vez de centrarse en dar un mayor sentido a sus vidas, la sociedad, como las personas, pierde su vitalidad. Al igual que el individuo, cuanto más se centra la sociedad en las necesidades de los *yoes individuales*, que se manifiestan en forma de lujos, posesiones materiales y felicidad personal, mayores probabilidades de deterioro tiene la sociedad. Sin embargo, cuando nos centramos en nuestra meta principal en tanto que colectivo, o sea, en dejar un mundo mejor a la siguiente generación, encontramos un profundo sentido a la vida.

Cuando estuve en Tanzania con los ancianos de la tribu de varias comunidades, les pregunté si les preocupaba el futuro. Su respuesta común fue: «Claro que estamos preocupados por el futuro». Al hablar con las personas mayores que aparecen en este libro, me di cuenta de que ellos también estaban muy preocupados por el futuro. Muchos expresaban una gran preocupación sobre la tensión cada vez mayor entre las religiones, la destrucción sistemática del medio ambiente y nuestra aparente renuncia a sacrificarnos por el futuro. Pero también descubrí que la principal causa de su felicidad a menudo había sido la sensación de haber contribuido con su granito de arena a mejorar las cosas.

Aprende a llorar por el mundo, no por ti mismo

Susan, de 68 años, me dijo: «Al envejecer, ya no lloro por mí, sino por el mundo. Al hacerte mayor, tienes presente que no estarás aquí para siempre, sino que la historia continuará sin ti». Al pronunciar estas palabras, me di cuenta de que las personas más felices que entrevistamos habían aprendido a llorar por el mundo y las más infelices seguían llorando por ellos. Y podemos aprender esta lección cuando somos jóvenes o de mediana edad; nuestra mayor felicidad provendrá de lo que demos.

Es una imagen preciosa. De esas más de doscientas personas, aprendí que, cuando envejecemos, algunos lloramos por nosotros (por remordimientos o por decepción), mientras que otros lloramos por el mundo. Cuando aprendemos a llorar por el mundo y no por nosotros, nos integramos en algo superior.

«Lo que importa es cómo nos tratamos —dijo Susan— y cómo interactuamos con el entorno. Debemos pensar en el impacto que tendremos en el futuro.»

Quizás en el fondo no podamos perseguir la felicidad. Puede que ésta provenga de algo más profundo. Juana, de 64 años, dijo que «si eres infeliz, ocupa tu tiempo haciendo cosas por los demás. Si te concentras en ti mismo serás infeliz, pero si te centras en ayudar a los demás encontrarás la felicidad. La felicidad proviene de servir y amar».

Cuando mi hija mayor, Lena, estaba en el instituto, nos dijo que su objetivo en la vida era «ser famosa». Intrigado, le pregunté cuál quería que fuera la causa de su fama. «Da igual —dijo—. Sólo quiero que la gente sepa mi nombre.» Por lo que parece, no es la única; un estudio reciente mostraba que un tercio de los estudiantes de secundaria tenían por objetivo llegar a ser famosos. En un mundo adicto a los *reality shows* y a la excitación de los quince minutos de fama (a menudo sin motivos fundados), ser célebre ha sustituido en cierto modo a ser capaz de encontrar el sentido de la vida. Le expliqué que una fama sin ningún tipo de aportación tendría muy poco sentido, pero una aportación sin fama sería por sí sola gratificante. Me miró del mismo modo que la mayoría de adolescentes cuando alguien les da este consejo.

Estas entrevistas me convencieron aún más del valor de las palabras que le dije a mi hija. Las personas más felices que entrevisté sabían que su vida había importado, que había sido de utilidad. Los más infelices se habían centrado en sí mismos y en conseguir felicidad, amor, acumular objetos, estatus y «fama».

Hablar con personas mayores me proporcionó una nueva perspectiva sobre una verdad muy antigua: vivimos en un mundo prestado. Las personas más felices eran aquellas que sabían que de algún modo habían dejado las cosas mejor de como las habían encontrado, tanto si era a través de sus hijos, mediante un pequeño impulso a alguna causa o por la huella que habían dejado en un pequeño grupo de personas.

Pero ¿tenemos todos y cada uno de nosotros realmente la capacidad de cambiar el mundo? Una de las cosas que aprendemos de la física es la gran interconexión que hay entre todo. Las partículas atómicas separadas por el espacio físico interactúan e influyen en el movimiento. Pasa lo mismo con los humanos. Cada uno de nosotros cambia el «movimiento» del mundo según cómo interactúa con él. Todos estos cambios sutiles, juntos, configuran el futuro. Robert Kennedy escribió: «Pocos tendremos la grandeza necesaria para alterar el curso de la historia; pero cada uno de nosotros podemos trabajar para cambiar una pequeña parte de los acontecimientos, y con la suma de todos esos actos se escribirá la historia de una generación... La historia de la humanidad la han modelado numerosos actos de valentía y fe. Cada vez que un hombre defiende un ideal, o actúa para mejorar la suerte de los demás, o lucha contra la injusticia, envía una onda de esperanza, y al entrecruzarse esas ondas procedentes de millones de centros de energía y coraje diferentes, generan una corriente que puede derribar los muros más poderosos de la opresión y la resistencia».

Recuerdo perfectamente la primera vez que vi la Vía Láctea. Como me había criado en una gran ciudad, por lo general sólo podía ver un puñado de estrellas por la noche. En el instituto, fuimos de excursión a las Bermudas. En aquel momento, había muy poca iluminación en las islas más alejadas. Un día, más o menos sobre la medianoche, subimos a la cima de un monte y nos tumbamos en la hierba para observar el cielo nocturno. Con el croar de las ranas resonando en mis oídos, pude ver por primera vez la Vía Láctea. Encima de mí se encontraba una parte del cielo tan poblada de estrellas que parecía que el creador hubiera derramado leche en el cielo. La vista fue aún más impresionante porque recordé que la Vía Láctea no estaba realmente «ahí fuera», sino que nuestro sistema solar (el Sol y todos los planetas) se encuentra en el centro de la galaxia que recibe este nombre. Al mirar hacia arriba estaba viendo algo que se extendía a mi alrededor.

Mientras contemplaba el cielo, recordé algo que aprendí en una clase de astronomía: que muchas de las estrellas que vemos por la noche puede que ya no existan. Están tan lejos de la Tierra que su luz tarda millones de años en llegar a nosotros. Podía ver la luz de estrellas que ya se habían extinguido.

Recuerdo que con 19 años pensaba que las vidas de algunas personas eran así, una poderosa luz que continuaba brillando mucho después de que se hubieran ido. Me dije que yo tendría ese tipo de vida.

El quinto secreto es *dar más de lo que recibimos*. Al dar más de lo que recibimos, nos conectamos con algo superior a nosotros. Y al hacerlo, encontramos la felicidad.

Aquí tienes cuatro preguntas en las que puedes pensar cada semana para ayudarte a vivir este secreto:

- ¿He hecho del mundo un sitio mejor de algún modo, por pequeño que sea, esta semana?
- ¿He recordado esta semana que estoy marcando la diferencia aunque no lo perciba?

- ¿He sido amable y generoso esta semana? ¿Cómo quiero profundizar en ello mañana/la semana que viene?
- ¿Me he centrado en las necesidades de mi «pequeño yo» esta semana (la búsqueda de objetos materiales, estatus, poder) en vez del «yo superior» (que es mi contribución para hacer que el mundo que me rodea sea un lugar mejor)?
- ¿Cómo quiero vivir este secreto más a fondo la semana que viene?

8

Cuando sabes lo que tienes que hacer (poner los secretos en práctica)

«El problema del sentido común es que no es común.»
MARK TWAIN

«La sabiduría es saber lo que hay
que hacer a continuación;
la virtud es hacerlo.»
DAVID STARR JORDAN

Llegué a un punto de inflexión en el proceso de entrevistas al escuchar a Ron, un hombre de 71 años que siguió los dictados de su corazón para convertirse en quiropráctico, haciendo caso omiso a los demás en este proceso. Como muchas de las personas que entrevisté, tenía una presencia centrada y tranquila que reflejaba las palabras que compartió conmigo sobre su vida. Me ayudó a ver que no basta con conocer los secretos.

Ron creía que había conseguido ser feliz porque había seguido los dictados de su corazón. En varios momentos clave de su vida, su corazón le había dicho que necesitaba realizar un cambio, y siempre hizo caso de esas palabras. En cada uno de esos momentos, para seguir los dictados de su corazón tuvo que aportar algo: a veces, valentía; a menudo, la fuerza de voluntad necesaria para ignorar las otras voces, y siempre la decisión para actuar de acuerdo con lo que sabía que era cierto. Le pregunté que cómo sabía que estaba siguiendo los dictados de su corazón y me dijo: «Supongo que lo sabía y punto. Es difícil de explicar, pero es como si pudiera oír esa voz que me decía lo que tenía que hacer. Quizás así es como muchas personas sabemos lo que tenemos que hacer. Pero debemos tener la disciplina de escuchar, y luego la valentía de seguir adelante. Lo que he descubierto es que, cuando sabes lo que tienes que hacer, debes hacerlo, no basta con el conocimiento».

Cuando terminó de hablar, vi que había dicho algo muy sencillo pero increíblemente importante. Para muchas personas el problema no es saber lo que hay que hacer, sino obrar en consecuencia. Quizá muchos de nosotros sepamos los secretos de la felicidad y el sentido de la vida, pero no vivimos de acuerdo con ellos. El conocimiento es sólo el primer paso.

El conocimiento no es el problema

Pensemos en todo lo que sabemos y que no nos sirve de nada a la hora de actuar. Sabemos que fumar mata, que la falta de ejercicio, una dieta poco equilibrada y el estrés también nos pueden matar. Sabemos que las relaciones son importantes y a menudo frágiles, pero aun así no solemos cuidarlas lo suficiente. Sabemos que el dinero no puede comprar la felicidad, que la vida es breve y que los pensamientos negativos y contraproducentes pueden destrozar nuestra felicidad. Todo esto ya lo sabemos, pero con saberlo no basta.

Pensemos por un momento en los descubrimientos realizados en pacientes con enfermedades coronarias (bloqueo de las arterias). Después de haber sido sometidos a operaciones para salvarles la vida o incluso haber tenido experiencias cercanas a la muerte, se pide a estos pacientes que tomen una decisión drástica: cambiar o morir. Enfrentados al hecho casi indiscutible de que el bloqueo de las arterias los matará si no cambian su estilo de vida, se supone que la mayoría cambiará. Cambiar o morir es una decisión bastante directa. Pero las investigaciones revelan que más del 70% no cambia nada, lo que indica que para muchos de nosotros es tan importante saber cómo vivir los secretos como tener conocimientos de ellos.

Estoy seguro de que los cinco secretos que desvela este libro —ser sincero con uno mismo, no arrepentirse, ser amor, vivir el momento y dar más de lo que recibimos— son el punto de partida para encontrar la felicidad y el sentido de la vida. También estoy del todo seguro de que muchos de vosotros ya conocíais alguno de los secretos, o todos, antes de leer este libro. Vuestro corazón os lo ha estado diciendo desde siempre. Pero ¿cómo ponemos estos secretos en práctica en nuestra vida? ¿Cómo lo podemos hacer, ahora que los conocemos? Creo que las entrevistas también proporcionan la respuesta a esta pregunta.

El aprendizaje natural: cómo cambiamos de vida

En este capítulo, exploraremos formas en las que podemos cambiar de vida y luego aplicar estos conocimientos para vivir los cinco secretos. Para comprender cómo implementamos cambios en nuestra vida, podemos considerar el proceso natural de aprendizaje a través del cual se desarrollan los seres vivos. Por *proceso natural de aprendizaje* entiendo el proceso mediante el cual adquirimos la mayoría de habilidades necesarias para la vida diaria, como el lenguaje y las habilidades motrices.

La adquisición del lenguaje resulta un magnífico ejemplo del aprendizaje natural. Durante mis años de estudiante, seguí cursos y estudié por lo menos seis lenguas (latín, griego, hebreo, francés, español e italiano). A pesar de todos esos cursos, no sé escribir ni pronunciar una sola frase entera en ninguna lengua que no sea el inglés. Sin embargo, con muy pocos años ya dominaba perfectamente el inglés, aunque muchos lingüistas consideren que es una lengua difícil. ¿Por qué un niño puede dominar su lengua materna pero quizá nunca llegue a dominar una segunda lengua que aprenda de mayor?

Una parte de la respuesta reside en el hecho de que, como seres humanos, aprendemos de forma natural al observar, escuchar y experimentar. La mayor parte de la adquisición del lenguaje en las primeras etapas de la vida no proviene de un intento formal de enseñarnos el lenguaje, sino que más bien observamos cómo nuestros padres y madres llaman a las cosas por su nombre. Escuchamos cómo hablan y forman las frases. Con muy pocas correcciones, conseguimos aprender el vocabulario y a usar las palabras para construir frases. Aprendemos de forma natural observando, imitando y experimentando.

Podemos aplicar la misma reflexión al andar. ¿Cómo aprendiste a andar? Todavía recuerdo el día en el que mi hija mayor, Lena, dio sus primeros pasos. Ya sabía tenerse en pie cuando, un día, en el baño, mi mujer, que estaba a un par de metros de ella, le dijo: «Ven aquí». Con paso vacilante, la niña anduvo riendo los dos metros que la separaban de su madre mientras la animábamos. Sin que le hubiéramos enseñado ni una sola vez, había aprendido a andar. Pero ¿cómo? De nuevo, la respuesta es muy sencilla: el aprendizaje natural. Miraba y observaba, y luego experimentó hasta que consiguió andar. Otra forma de describir el proceso de aprendizaje natural es decir que tiene dos fases: *conciencia y experimentación*. Prestamos atención y probamos las cosas. En este proceso, nos autocorregimos de forma constante hasta que conseguimos dominar lo aprendido.

Podemos aplicar esta sencilla idea del aprendizaje natural a la realización de cambios complejos en nuestra vida adulta. Si ser conscientes de que queremos cambiar es el primer paso en el proceso del aprendizaje natural, podemos decir que *avanzamos hacia donde nos indican nuestros conocimientos*. Es una idea sencilla con consecuencias de gran calado a la hora de cambiar nuestra vida. *Nos convertimos en aquello en lo que nos fijamos. Cuanto más conscientes somos de algo, más probable es que avancemos en esa dirección.*

Nuestro centro de atención se convierte en realidad

Hace algunos años llevé a cabo un estudio en el que estaban implicados varios centenares de personas que intentaban introducir cambios sencillos, pero importantes, en sus vidas (como perder peso, hacer más ejercicio, comer de forma más saludable, hablar con más claridad, tener más equilibrio, etc.). Juntamos a estos cientos de personas y luego dividimos el grupo por la mitad. Hicimos pasar a cada grupo por un proceso en el que tenían que identificar los cambios que deseaban introducir en sus vidas (el *conocimiento*).

A continuación, proporcionamos dos métodos muy diferentes a cada grupo para efectuar el cambio (la *acción*). Un grupo se marcó objetivos muy concretos, como correr tres veces por semana, comer sólo alimentos sanos durante diez semanas, etc. Les pedimos que escribieran esos objetivos y los revisaran cada semana durante las próximas doce.

Al segundo grupo le proporcionamos un método diferente para poner en práctica los cambios. Les dimos unas tarjetas y les pedimos que escribieran unas cuantas palabras o una frase que les recordara el cambio que querían introducir en su vida (comer de modo más saludable, expresarse mejor, tener más tiempo para ellos mismos). Se les pidió que llevaran consigo esta tarjeta a todas partes durante las doce semanas siguientes. Tenían que coger la tarjeta unas diez o doce veces al día, mirarla y ser conscientes de la elección que habían hecho. Llevar la tarjeta encima, mirarla con frecuencia y no ir a ninguna parte sin ella. También les dijimos que no se dieran por vencidos, que no se perdieran en pensamientos negativos, sino que se limitaran a ser conscientes de lo que querían durante todo el día.

Al cabo de doce semanas, los dos grupos habían progresado mucho, pero uno había conseguido mucho más que el otro (el triple), y era el que llevaba las tarjetas. *Por el simple hecho de prestar atención, se produce el cambio.*

Vale la pena analizar más a fondo este experimento y comprender por qué el simple acto de mantener un hecho en tu conciencia produce un cambio significativo. Debemos recordar que la forma «natural» de aprender es prestando atención y experimentando. Así es como hemos aprendido las tareas más complejas de nuestra vida: hablar y andar. El proceso de mantener un objetivo en nuestra conciencia reproduce el proceso natural. Al prestar atención a nuestro objetivo y experimentarlo, provocamos el cambio.

Pero ¿por qué el simple hecho de llevar consigo una tarjeta hacía que pudieran lograr antes su objetivo? Es una pregunta importante. Creo que la respuesta es sencilla: aunque establecer el objetivo active nuestra conciencia, puede afectar de forma negativa a la experimentación. Por ejemplo, la persona que se fija como objetivo salir a correr tres veces por semana mantendrá esa idea en su conciencia y puede que incluso lo consiga. Sin embargo, ¿qué pasa si durante la primera semana se lesiona y no puede salir a correr la semana siguiente? ¿Qué pasa si se da cuenta de que no le gusta demasiado correr? El resultado más probable es que experimente una sensación de fracaso y anule sus intentos de cambiar. Probablemente perderá muchas otras oportunidades que tiene a su alcance durante el día de ser una persona más activa.

Comparemos a esta persona con otra que simplemente lleve una tarjeta con las palabras «ser más activo y estar más en forma». Dado que consulta la tarjeta diez o veinte veces al día, puede tomar un sinfín de decisiones que afecten a su salud. Puede que lea la tarjeta y decida subir por las escaleras en vez de coger el ascensor, o salir a pasear durante la hora de comer en vez de quedarse sentada. Al leer la tarjeta, puede que en ese mismo momento llame a un amigo para jugar un partido de tenis. La concienciación potencia la experimentación. Por supuesto, podemos combinar la fijación de objetivos y la concienciación para obtener un efecto mayor, pero si tuviera que aconsejar un solo método para provocar el cambio en nuestra vida, empezaría con la tarjeta que se debe llevar encima todo el día.

Pueden resultar útiles algunos ejemplos de esta técnica. Hace unos ocho años me di cuenta de una dura realidad. Yo tenía 41 años, una interesante vida profesional, una gran familia y cientos de conocidos. Pero vi que no tenía amigos de verdad. Había puesto tanta energía en mi trabajo que había excluido la amistad de mi vida adulta. Me aterró el comprobar que después de cuarenta años no tenía ninguna amistad duradera. Sabía que tenía que hacer algo, pero ¿qué?

Siguiendo mi propio consejo, escribí la palabra «amigos» en una tarjeta que empecé a llevar siempre encima. Cada día le echaba un vistazo unas diez o veinte veces. Para ser sincero, las primeras dos semanas fueron bastante deprimentes porque muchas de las ocasiones en que miré la tarjeta me di cuenta de hasta qué punto había abandonado ese aspecto de mi vida. Me esforcé por no dejarme abatir e intenté ser consciente —*prestar atención*— de la importancia que tenía para mí la amistad.

Después de llevar durante dos semanas la tarjeta a todas partes, decidí que si quería hacer amigos, el primer paso era sondear las posibilidades (como cuando haces una lista de las chicas que podrías invitar al baile de fin de curso). Así pues, confeccioné una lista de todos los conocidos que tenía que pensaba que se podían convertir en amigos. Me salieron seis personas. En los dos meses siguientes, empecé a llamarlas y quedé con ellas para comer, para tomar café o para algún tipo de encuentro. No les decía: «Estoy buscando amigos y tú estás en la lista». Me limitaba a prestar atención y experimentar el momento.

Una experiencia que tuve en este período demuestra el poder de las tarjetas. En aquel momento era el presidente de una organización sin ánimo de lucro. Una noche, después de una reunión interminable, cuando ya había calculado las pocas horas que podría dormir, recogí las cosas para irme a casa. Otro miembro de la junta, Bryan, me preguntó si quería salir a comer algo con él después de la reunión. Estaba a punto de decir que no cuando se me cayó la tarjeta del bolsillo. Bryan no estaba en la lista, pero parecía el tipo de persona que me gustaría conocer. La tarjeta convirtió mi *no* en un *sí*. Al poco tiempo, nos hicimos amigos. Llevé la tarjeta conmigo durante casi dieciocho meses, y transcurrido ese tiempo tenía seis nuevos amigos; tres estaban en mi lista original y otros tres no. Ahora, años más tarde, cuando me doy cuenta de que no presto suficiente atención a este aspecto esencial de mi vida, mi mente evoca con facilidad la imagen de la tarjeta y se centra en lo que importa. ✿

Después de haber enseñado esta técnica durante muchos años, he oído un sinfín de historias sobre el poder de la «tarjeta» para cambiar la vida de las personas. Una mujer me contó que lo que más deseaba en la vida era mejorar la relación que tenía con su hijastro adolescente. «Siempre estamos discutiendo —dijo— y creo que es porque reacciono de forma negativa.» Por ese motivo, escribió en una tarjeta: «No contestar a Nathan». En dos meses, me contó que su relación con él había cambiado totalmente. Cada vez que iba a reaccionar de forma negativa, se acordaba de la tarjeta y modificaba su comportamiento. Su recompensa fue una mayor felicidad personal.

Otra persona decidió ser más amable con todos aquellos con quienes coincidiera, incluidos sus más allegados. Empezó a llevar consigo la tarjeta a todas partes. Después de varias semanas, la gente que le rodeaba, tanto en el trabajo como en casa, comenzó a comentar el notorio cambio que había experimentado y todos se preguntaban qué pasaba. Él se limitaba a reír y seguir llevando la tarjeta. Al cabo de un par de meses, me escribió una carta en la que me contaba que las relaciones con su mujer y sus compañeros de trabajo habían mejorado mucho gracias a aquel trocito de cartulina.

Ahora puede que sientas la tentación de coger una tarjeta, escribir los cinco secretos y llevarla contigo los próximos meses. Aunque no es mala idea, no te lo recomiendo. Los seres humanos no procesamos muy bien en paralelo. Si hacemos demasiadas cosas a la vez, solemos paralizarnos y somos incapaces de actuar. A efectos prácticos, cuando queremos abarcar demasiado, acabamos sin hacer nada.

En vez eso, vuelve a pensar en los cinco secretos de este libro. ¿A cuál crees que debes prestar más atención en este momento? Trabaja ese secreto y, si es posible, escoge un elemento del secreto en particular. Por ejemplo, quizá piensas que el secreto más importante para ti ahora mismo es *ser amor*. Concretamente, crees que es crucial que pases más tiempo con tu familia. Puedes escribir en una tarjeta: «Actuar con amor y pasar más tiempo con mi familia». Quizás el secreto más importante para ti es *no tener nada de lo que arrepentirse (arriesgar más)*. Como parte de este secreto, puedes optar por arriesgarte más a la hora de conocer a gente nueva. En consecuencia, llevarías encima una tarjeta donde se leyera: «No tener nada de lo que arrepentirme y conocer a gente nueva».

Comprométete a llevar siempre la tarjeta encima durante los próximos meses. Comprométete a mirarla de diez a veinte veces al día. Pero no sólo debes mirar la tarjeta; tienes que ser consciente de las decisiones que tomas *en cada momento*. Comprométete a llevar la tarjeta hasta que puedas decir de forma sincera que has progresado en la consecución de tu objetivo. Como he dicho antes, yo llevé mi tarjeta durante dieciocho meses. No dejé de llevarla hasta que tuve claro que había hecho avances importantes para que la amistad (el hecho de tener amigos) fuera algo prioritario en mi vida. A menudo, cuando queremos cambiar nuestras vidas, intentamos introducir cambios durante un breve período de tiempo, pero lo dejamos correr antes de que los cambios resulten significativos y antes de que los nuevos hábitos estén lo bastante consolidados como para durar.

Esta sencilla técnica de escribir tus intenciones en una tarjeta y llevarla siempre encima se puede aplicar a muchos ámbitos de la vida. Por ejemplo, conozco a una pareja que querían empezar un negocio juntos. Tenían trabajos distintos, pero los dos escribieron en una tarjeta su intención de crear el negocio. Varios años más tarde, se convirtió en realidad. Recuerda que el principio clave es: avanzamos hacia donde nos indican nuestros conocimientos.

El cambio empieza con la primera pregunta

Otra técnica para *ir adonde sabemos* la aprendí de mi amigo Marshall Goldsmith, autor de *Un nuevo impulso,* que es uno de los principales *coaches* de desarrollo personal del mundo. Me contó que tiene una lista con dieciocho preguntas que se hace cada día. Estas preguntas le hacen reflexionar sobre si su vida cumple los objetivos ese día concreto. Las preguntas son muy concretas; por ejemplo: ¿Te has enfadado hoy? ¿Has actuado con amor con tu mujer? Una vez al día comprueba qué ha hecho e intenta obtener una respuesta sincera a esas preguntas.

Al igual que la tarjeta, tener una lista de preguntas que hay que formularse cada día o semana resulta una forma muy útil de usar el proceso de aprendizaje natural: *prestar atención y experimentar.* Al hacernos estas preguntas al menos una vez a la semana, o quizá todos los días, somos conscientes de ellas todo el tiempo. Cuando pensamos en ellas, podemos encontrar el modo de experimentar y cambiar nuestra vida hacia un estado ideal.

Una de las cosas más importantes que me enseñaron las entrevistas es la importancia de reflexionar y autocorregirse para poder encontrar la felicidad y el sentido de la vida. Las personas que entrevistamos no nacieron más sabias que el resto. De hecho, muchas de ellas comentaron lo mucho que habían aprendido y crecido con los años mediante el simple proceso de reflexionar de forma habitual, para después actuar en consonancia. Sus vidas eran el resultado de años de pequeños ajustes que, acumulados, creaban la felicidad que los demás percibían en ellos.

Muchos de nosotros podemos vivir con mayor plenitud simplemente a través de la reflexión. Una manera de hacerlo es definir un conjunto de preguntas en las que queremos centrarnos sobre los cinco secretos y dedicar un poco de tiempo cada semana a reflexionar sobre nuestra vida. Otra forma es crear nuestro propio conjunto de preguntas. Al final del capítulo, he incluido 24 preguntas que te puedes hacer cada semana durante los momentos de reflexión. Por ejemplo (bajo el encabezado del primer secreto, ser coherente con uno mismo), ¿creo que hoy/esta semana han sido como yo he querido? En caso afirmativo, ¿cómo ha sido esta semana? En caso negativo, ¿qué no ha correspondido con mi verdadero yo? Así, respetamos los pasos del aprendizaje natural —concienciación y experimentación— con este método. Pero hay otro elemento más del aprendizaje natural que nos ayuda a llegar adonde sabemos que queremos ir.

Antes hemos analizado la idea de que algunas de las habilidades más básicas de nuestra vida, como caminar o hablar, las hemos aprendido mediante el proceso de aprendizaje natural. En este proceso aprendemos porque prestamos atención y experimentamos. La tarjeta y las preguntas son dos métodos para llevar a cabo este proceso, sobre todo si, cada vez que lees la tarjeta o te haces las preguntas, das un paso más y te planteas qué pasos adicionales puedes dar ahora para actuar de forma consciente. Aún queda un elemento del proceso de aprendizaje natural que todavía no he tratado.

Cambiamos mejor cuando cambiamos juntos

Cuando aprendimos a hablar y andar, no lo hicimos solos. A la mayoría nos ayudaron en cada paso. Nuestros padres, hermanos y parientes estuvieron ahí para apoyarnos. Cuando decíamos «pa», ellos nos decían que queríamos decir «papá». También nos animaban. Cuando nos pusimos de pie por primera vez y caímos, no dijeron: «Eres tonto». Seguramente dirían: «Muy bien, inténtalo otra vez. Agárrate a la mesa para ayudarte». Dudo que hubiéramos aprendido a andar y hablar sin el respaldo y el aliento de los otros. Sin embargo, cuando somos adultos intentamos introducir cambios en nuestras vidas sin el apoyo o el aliento de los demás.

Cuando Marshall me habló de las preguntas diarias, también me comentó que cada día un amigo suyo le llamaba y le hacía las dieciocho preguntas. Todos los días se hacían esas preguntas para apoyarse y darse ánimo. Puede resultar interesante trabajar con alguien que también esté leyendo este libro, alguien que quiera poner en práctica los secretos. Poder formular las preguntas a otra persona y que esa persona te las formule, como apoyo y para ofrecer ideas y propuestas de mejora. Cambiamos mejor cuando cambiamos juntos.

Aquí tienes otra técnica sencilla para actuar sobre lo que ya conoces. Dedica de treinta a sesenta minutos cada semana a reflexionar sobre tu vida. Hay un dicho en la tradición monástica cristiana: «Siéntate en tu celda, y ésta te lo enseñará todo». Cuando nos tomamos un tiempo para reflexionar, a menudo sabemos lo que tenemos que hacer. Las respuestas están en nuestro interior. Es esencial tener la disciplina de escuchar. Sólo tenemos una vida, y el tiempo pasa muy rápido. Dedicar tiempo a la reflexión, a escuchar, es la forma que tenemos de impedir que nuestra vida se aleje de nuestras intenciones. En un capítulo anterior usé la analogía del arquero, ya que la palabra *pecado* en griego antiguo significa «no dar en el blanco». Cuando reflexionamos cada día o cada semana sobre si hemos «dado en el blanco», damos pie a que surjan las pequeñas y naturales autocorrecciones que al final conforman una vida feliz.

Una de las mujeres que entrevisté me recordó que «no puedes escuchar a tu espíritu mientras ves *Los Simpson*». Vivimos en una época en la que solemos apartar la reflexión de nuestras vidas porque llenamos los días de actividades y las noches de ruido. Incluso cuando llegamos solos a una habitación de hotel, a menudo encendemos la televisión. Sin embargo, optar por permanecer en silencio y escuchar las vocecitas de nuestro interior es clave para tener una buena vida. Debes comprometerte a dedicar un tiempo todas las semanas a reflexionar. Pregúntate si sigues tus objetivos y cómo quieres cambiar la semana que viene. Imagina el poder que, con el tiempo, pueden tener las pequeñas correcciones aplicadas a lo largo de los años. Como los intereses de una cuenta de ahorro, los pequeños cambios de nuestra vida se acumulan para producir resultados significativos. Sin embargo, no dedicar tiempo a la reflexión es como los intereses de la tarjeta de crédito. Pueden convertirse en una deuda que nunca logres pagar. ☙

¿Cuáles son los rituales de tu vida?

Las conversaciones que mantuve durante las entrevistas también me recordaron el poder que tienen los rituales. Al escuchar a esas personas sabias, me di cuenta de que muchos de ellos usaban los rituales para ayudarles a vivir los secretos de forma más profunda. Tendemos a asociar los rituales con la religión formal, pero un ritual puede ser cualquier práctica o pauta de comportamiento que realizamos habitualmente de una forma establecida. Para algunas personas, visitar una cafetería concreta puede ser su rito matutino. Algunos rituales son pura rutina, pero otros tienen el poder, con el tiempo, de dar forma a nuestra experiencia en la vida.

● Joel, de 62 años, me contó dos rituales que habían modelado su vida. Al levantarse por la mañana, la primera cosa que hace es dedicar un tiempo a meditar. «Doy gracias a Dios por otro día y me tomo unos minutos para recordarme que es un regalo estar vivo, para ser consciente de que estamos en medio de la Vía Láctea. Durante ese tiempo de meditación, pido que pueda actuar hoy como si fuese un gran regalo y que no pierda el tiempo.» Añadió que al final del día realiza otra meditación parecida. «Cuando acaba el día, dedico un par de minutos a meditar y repasar la jornada, y tomo nota de todas las cosas por las que estoy agradecido, por insignificantes que sean. Y antes de acostarme, pido que pueda tener otro día más de alegría en mi vida.» ●

Lea tiene 58 años y es una persona muy atareada. Cada mañana antes de salir de casa dedica un rato a la meditación. «Cada mañana me reservo un tiempo para estar en silencio. Suelo leer algo que me prepara para tener un estado de ánimo adecuado durante la jornada. Y cada día rezo para darme cuenta de las personas a las que una palabra amable, una sonrisa o un *gracias* pueden cambiarles la vida, y también para no estar tan ocupada que no me dé cuenta.»

También está Jim, que dijo que durante muchos años paseaba para «despotricar». Andaba y pensaba en todas las cosas que le irritaban. Un día decidió dar paseos de «gratitud». «Ahora, mientras ando, recuerdo todas las cosas por las que estoy agradecido en mi vida y no me permito tener pensamientos negativos. He descubierto que esta sencilla práctica es un regalo.»

Hace años, conocí a una enfermera de mediana edad que trabajaba en la unidad de oncología de un hospital. Todos los días pasaba muchas horas junto a personas que sufrían. Me contó que cuando iba al trabajo siempre cantaba la misma canción, que le recordaba cada día que estar viva era un gran regalo y que le levantaba el ánimo. Me confesó: «Cuando llego al trabajo, ya estoy preparada para hacer frente al día».

Al escuchar ésta y otras muchas historias parecidas, me di cuenta del poder que tienen los rituales para cambiarnos. No me resultó difícil imaginar el efecto que podía tener empezar y acabar todos los días con una meditación —dando gracias al universo por otro día más y acabando el día con gratitud— en la forma en que alguien experimenta la vida. Podía imaginar cómo ese ritual matutino le recordaba a Lea todos los días que lo que importaba era dar y que tenía el poder de dar desde el instante en que salía de casa hasta su vuelta. Podía ver a esa enfermera cantando con pasión todas las mañanas porque, de algún modo, esa canción le ayudaba a empezar el día correctamente. Los rituales son tan importantes que debemos tener mucho cuidado con los que escogemos o incluimos en nuestra rutina. Jim dio paseos para «despotricar» durante muchos años antes de convertirlos en paseos de «gratitud».

Un buen primer paso para definir los rituales que vas a observar es darte cuenta de los que ya existen en tu vida. ¿Cómo empiezas el día? ¿Con qué humor te levantas? ¿Cómo acabas el día? ¿Qué es lo último en que piensas antes de dormirte? ¿Qué rituales te levantan el ánimo, y cuáles pueden desanimarte? Con el tiempo, a medida que somos más conscientes de que los rituales nos moldean, somos más capaces de moldearlos nosotros. Empiezo el día leyendo un texto en el que resumo mi visión personal, que empieza con estas dos palabras: estoy satisfecho. Al leer esta reflexión cada mañana, envío una plegaria a mi subconsciente sobre mis intenciones en lo relativo a mi vida antes de que arranque el día.

Las palabras y los pensamientos son el poderoso principio de una cadena que define cómo vivimos. Hace años leí un dicho que me vino muchas veces a la mente cuando escuchaba a esas personas hablar sobre sus vidas: «Ten cuidado con tus pensamientos, porque éstos se convierten en palabras. Ten cuidado con tus palabras, porque éstas se convierten en acciones. Ten cuidado con tus acciones, porque éstas se convierten en hábitos. Ten cuidado con tus hábitos, porque éstos se convierten en tu carácter. Y tu carácter es tu destino».

Hay muchas otras técnicas para poner en acción la sabiduría, pero creo que los métodos que hemos comentado aquí forman la base para poder actuar sobre lo que sabemos. Saber qué permite conseguir la felicidad y obtener el sentido de la vida resulta de muy poca utilidad si ese conocimiento no se traduce en acción. Conocimiento y acción. Hay que tener las dos cosas. Joel, el futurólogo de 62 años, me dijo que «la acción sin visión es una pérdida de tiempo, pero la visión sin acción es soñar despierto». Los secretos son la visión, los métodos expuestos en este capítulo, un camino para la acción. Conocer los secretos no cambiará tu vida, pero vivirlos, sí.

REFLEXIONES SEMANALES O DIARIAS SOBRE LOS CINCO SECRETOS

SECRETO   PREGUNTA PARA REFLEXIONAR

Sé coherente contigo mismo (reflexiona más)

- ¿Este día o esta semana han sido mi tipo de día/semana? ¿Qué haría que mañana o la semana que viene me pareciesen más coherentes con mi forma de ser?

- ¿He sido el tipo de persona que quiero ser esta semana? ¿Cómo quiero ser más yo mismo mañana/la semana que viene?

- ¿Sigo los dictados de mi corazón en este momento? ¿Qué significaría para mí seguir los dictados de mi corazón ahora mismo?

- ¿Cómo quiero vivir este secreto de forma más profunda la semana que viene?

No tengas nada de lo que arrepentirte (arriesgar más)

- ¿He actuado con miedo hoy/esta semana? ¿Cómo quiero ser más valiente mañana o la semana que viene?

- ¿He actuado siguiendo mis convicciones esta semana? ¿Cómo quiero actuar siguiendo más mis convicciones la semana que viene?

- ¿Qué paso daría en mi vida ahora mismo si actuara con valentía, sin miedo?

- ¿Qué podría hacer diferente si viviera según el punto de vista de una persona mayor sentada en el porche de su casa que analiza su vida? ¿Estoy sembrando las semillas del arrepentimiento?

- ¿Cómo respondo a los contratiempos de mi vida ahora mismo? ¿Avanzo o retrocedo?

- ¿Cómo quiero vivir este secreto más a fondo la semana que viene?

Sé amor
(amar más)

- ¿He dejado un hueco para mis amigos, familia y relaciones hoy/esta semana?

- ¿He sido amable y he actuado con amor hoy/esta semana con mis allegados? ¿Cómo quiero darles más amor mañana o esta semana?

- ¿He difundido el amor y la amabilidad en el mundo hoy/esta semana en cada interacción? ¿He actuado como si cada desconocido fuera alguien para quien yo pudiera resultar importante?

- ¿A cuál de mis dos lobos he alimentado hoy/esta semana? ¿He pasado tiempo con gente que me ha animado? ¿He actuado con amor hacia mí mismo hoy/esta semana? ¿He hablado conmigo mismo o me he autohipnotizado de forma negativa? ¿He plantado flores o cizaña en mi subconsciente?

- ¿Cómo quiero vivir este secreto más a fondo la semana que viene?

Vive el momento
(disfrutar más)

- ¿He disfrutado plenamente de lo que he hecho hoy/esta semana? ¿Lo he vivido de verdad o simplemente lo he presenciado?

- ¿He aprovechado todos los placeres que me ha brindado la vida hoy/esta semana (he «olido las flores» de verdad)? ¿He andado con los cinco sentidos por mi vida o me he pasado el rato corriendo?

- ¿Por qué cosas me siento agradecido hoy/esta semana? ¿He pensado: «Sería feliz si…»?

- ¿He vivido el presente hoy/esta semana? ¿O he dejado que el ayer y el mañana me arrebatasen la felicidad de hoy?

- ¿Me he levantado esta mañana agradecido por otro día más?

- ¿Cómo quiero vivir este secreto más a fondo la semana que viene?

Da más de lo que recibes (devolver más)	• ¿He hecho del mundo un sitio mejor de algún modo esta semana? • ¿Me he recordado a mí mismo esta semana que estoy marcando la diferencia aunque no lo perciba? • ¿He sido amable y generoso esta semana? ¿Cómo quiero profundizar en ello mañana/la semana que viene? • ¿Cómo quiero vivir este secreto más a fondo la semana que viene?
Centro de atención	*La semana que viene quiero prestar más atención a...* *(escoge un solo objetivo)*

9

Preparativos para una buena muerte: las personas felices no tienen miedo a morir

«Ni siquiera a la muerte deben temer quienes viven sabiamente.»
BUDA

Mi suegro tiene algo más de sesenta años y se encuentra en perfecto estado de salud. En una cena en nuestra casa el año pasado, de repente, anunció que había estado pensando en la muerte. Había decidido que no quería que nadie llorara en su funeral (momento en el que mi mujer, por supuesto, rompió a llorar). También dijo que para él era muy importante que todos supiéramos que no tenía miedo a morir.

«Cuando era joven —contó— recuerdo que me asustaba la muerte, pero ahora que estoy más cerca de ella, no tengo ningún miedo.» A continuación, se produjo una de las experiencias más conmovedoras de mi vida, una conversación muy emotiva sobre la vida de mi suegro. Se derramaron muchas lágrimas y se intercambiaron muchas palabras de amor. Al final, había hecho a su familia un gran regalo al querer hablar sobre algo sobradamente conocido: que un día moriremos.

Esta conversación tuvo lugar unos dos meses antes de que empezáramos lo que he llamado el proyecto de los ancianos sabios. Así pues, cuando comenzamos las entrevistas, añadí una pregunta que no había previsto: «Ahora que eres mayor, dime cómo ha cambiado tu visión de la mortalidad. ¿Cómo te sientes respecto a la muerte? No la idea abstracta de la muerte, sino tu propia muerte». Como persona de mediana edad, próximo ya a los cincuenta años, quería saber qué pensaban sobre su propia mortalidad todas esas personas que habían llevado una vida sabia y con sentido.

Hablar con más de doscientas personas mayores de sesenta años sobre la muerte es muy diferente a hacerlo con gente de treinta o incluso con gente de mediana edad. Muchas de estas personas ya habían experimentado la pérdida de alguien muy próximo (esposas, maridos, compañeros, padres y amigos íntimos), y muchas habían tenido experiencias cercanas a la muerte. Me contaron que contemplaban su mortalidad cada vez más a menudo a medida que se acercaban a la muerte o, como lo expresó Antony, de 86 años, «ahora que ya he superado mi fecha de caducidad». Para estas personas, la muerte no era una posibilidad distante, sino una parte real de su paisaje mental diario.

Lo que aprendí al hablar con estas personas me inspiró, fue profundo y muy reconfortante.

El regalo más importante que puedo compartir contigo, como lector, es que de esas 230 personas, menos de las que se pueden contar con una mano tenían miedo de morir. Casi todas habían integrado en sus vidas la conciencia de la muerte. Lo que descubrí es que cuando vivimos de forma sabia, no tememos a la muerte. Si vivimos los cinco secretos que se encuentran en este libro, no tendremos miedo a morir. Es sólo si no hemos vivido sabiamente, si no hemos vivido los secretos, cuando tenemos algo que temer.

Un buen amigo mío, David Kuhl, es un gran médico que ha pasado mucho tiempo con enfermos terminales (y a partir de sus investigaciones con estos pacientes escribió el precioso libro *What Dying People Want*). Cuando le conté lo que había descubierto gracias a las entrevistas, me dijo que en su trabajo con enfermos terminales había observado que «las personas felices no tienen miedo a morir». Desde luego, resulta un poco irónico, porque parece que las personas que aman la vida tendrían que temer más la muerte, pero David observó en sus pacientes terminales lo mismo que yo en la gente mayor a la que había entrevistado: morimos como vivimos. Si hemos vivido con sabiduría, podemos aceptar la muerte como parte de la vida. «No me inquieta pensar en mi muerte —me contó Bob, de 59 años—. Cuando me vaya, me iré con una sonrisa en la cara; estoy satisfecho con mi vida, mi legado, cómo he llevado mi vida. Recuerdo que mi padre decía que ojalá hubiera tenido una vida diferente, y yo me prometí que no diría lo mismo. Lo más importante es hacer lo que has venido a hacer, y yo lo he cumplido.»

Una y otra vez la gente me decía que cuando has vivido con sabiduría, no temes la muerte. De hecho, cuando le pedía a la gente que me contara cuál era su principal temor llegados al término de la vida, la gente no me hablaba de la muerte, sino de no haber vivido.

Tom, de 64 años, es el nativo metis cuyo nombre espiritual era Búfalo Blanco Erguido. Durante casi veinte años había dirigido ceremonias espirituales en su comunidad. Me contó que, según la tradición de su pueblo, la muerte no es algo que haya que temer, sino una parte natural del proceso de la vida. «Lo que tememos al final de la vida es estar incompletos; no haber hecho lo que nacimos para hacer. La muerte forma parte de la vida, pero para poder acoger a la muerte, necesitamos saber que hemos vivido.»

Elsa, de 71 años, expresa unos sentimientos parecidos. «El temor principal cuando se acaba la vida es no haber hecho todo lo posible, no haber vivido de veras. Si queremos prepararnos para la muerte, tenemos que vivir plenamente para no tener que arrepentirnos de nada», dijo. Era una reflexión recurrente.

Muchas de esas personas habían tenido experiencias cercanas a la muerte. Todos me dijeron que el elemento más interesante de estas experiencias era el darse cuenta de que no eran desagradables, que cuando llegue el momento de nuestra muerte no llegará con miedo y pesar. Dick, de unos 70 años, me contó una experiencia cercana a la muerte que tuvo: «A los cincuenta, me sometí a una intervención cardiaca, y durante unas pruebas mi corazón se detuvo durante bastante rato. Todavía recuerdo que sentí que salía de mi cuerpo y ascendía, veía desde arriba a los médicos y a las enfermeras que intentaban reanimarme. Les oía decir: "Quédate con nosotros, venga, quédate con nosotros". No vi una luz blanca, ni me encontré con Jesús, pero me di cuenta de que no era desagradable. Había mucha paz. Desde entonces, nunca más he temido la muerte».

Elsa me contó una de las historias más bellas de cuantas he escuchado. «Mi madre no era una mujer religiosa. Cuando yo era joven, tenía una muñeca que adoraba que estaba toda destrozada. Le pregunté a mi madre si ahora estaba en el cielo. Me dijo sin rodeos que no existe el cielo cuando te mueres; que, cuando te mueres, estás muerto y punto.» Al hacerse mayor, Elsa desarrolló una profunda fe personal, y Dios se convirtió en una parte importante de su vida. Sin embargo, su madre nunca fue una persona religiosa.

«Cuando mi madre se estaba muriendo, fui a hacerle compañía. Uno de esos días, el cielo estaba encapotado, muy oscuro, y las cortinas, abiertas. De repente, las nubes se abrieron y la habitación se llenó de luz. Mi madre tenía una mirada de sobrecogimiento y paz en su cara. Cuando le pregunté si quería que corriera las cortinas, insistió en que dejara pasar la luz. Le pedí que me contara lo que veía: "Es muy hermoso, pero no puedo explicarlo. Cuando te llegue el momento, ya lo verás". Al día siguiente, murió.» Elsa había conservado esa frase en su memoria al envejecer, porque esperaba que, llegado el momento, podría ver lo mismo que su madre aquel día.

Muchas de estas personas me hablaron de poder ver el otro lado. Aunque tuvieran sistemas de creencias muy diferentes, parece que todas habían sido capaces de integrar la muerte en sus vidas. Al mirar hacia delante, había un sentimiento común de paz que pude notar en todos ellos. Algunos veían el cielo, otros tenían una conciencia más sutil de que se conectarían a algo superior de lo cual provenían. Al escucharles recordé las palabras de Derek Walcott, el poeta de Santa Lucía ganador del Premio Nobel, que en su libro *The Prodigal*, a medida que se acerca más a la muerte, puede ver «delfines que bailan en la proa y la silueta de mi hogar». Walcott escribió sobre cómo, cuando era joven, nunca habría imaginado este sentimiento de paz al acercarse al final de su vida. Como la madre de Elsa al mirar por la ventana y como mi suegro, que decía que había tenido miedo a la muerte de joven, pero que ahora estaba en paz con ella, Walcott había encontrado una tranquilidad en él que no había previsto.

Algunas de estas personas me contaron incluso que prepararse para morir bien es una de las obligaciones más importantes de un ser humano al envejecer. Jack, de 67 años, me contó lo siguiente: «Ahora tengo la misma edad que mi padre cuando murió. Espero vivir algún tiempo más, pero últimamente he estado pensando más en la muerte. No estoy seguro de lo que nos pasa cuando morimos, pero estoy tranquilo. Supongo que si hay justicia, y creo que sí la hay, obtendré una trato justo. Muchos de mis amigos han muerto, por lo que he tenido el privilegio de ver morir a la gente. Un buen amigo mío tenía esclerosis lateral amiotrófica y decidió que quería que sus amigos le acompañaran mientras moría. Hizo que nos sintiéramos cómodos y yo preparé su panegírico. Le vi un par de días antes de que muriera y casi no podía hablar. Tenía que acercar mi oreja a su boca para poderle entender, pero seguía animoso y conservaba su sentido del humor. Recuerdo que pensé que yo también quería morir así».

Cuando le pregunté qué significaba para él «morir bien», me dijo: «Morir bien es no quejarse, seguir con buen humor, y dejar que los que todavía están vivos sepan que todo va bien, que es parte de la vida. Es el último regalo que hacemos. La última influencia directa que puedes ejercer está en cómo mueres».

Puede que durante toda la vida nos preparemos para morir correctamente. Quizás hasta que aprendemos a vivir no podemos morir bien, o quizá pasa al revés. Tal vez no podemos vivir hasta que no asimilamos la certeza de nuestra mortalidad. Ron, de 71 años, me contó que «la última fase del "ocaso de tu vida" tiene que ver con prepararse para morir, aprender a irse. Hasta que aprendes a morir, no sabes vivir. Hasta que incorporas tu comprensión del final, no sabes vivir tu vida. Puede ser mañana o dentro de veinte años. No lo sabes. Pero si aprendes a recibirla como parte de la vida, entonces la puedes vivir». La muerte proporciona a la vida su urgencia, pero, además, como todos morimos, hasta que no podemos aceptar y comprender esta verdad, no podemos vivir con esperanza.

Al final, todas estas conversaciones me enseñaron que llevar una vida sabia es el antídoto para no temer la muerte. También me revelaron que, cuando nos hacemos mayores, una de nuestras tareas más importantes es prepararnos para morir bien, para el último regalo de esperanza a los que dejamos aquí. Asimismo, descubrí que cuando nos damos cuenta de que formamos parte de algo mucho mayor, nuestra muerte pasa a ser algo que podemos aceptar.

Al escuchar a estas personas hablar con tranquilidad de su propia muerte, me di cuenta de que quizás el mayor espejismo de nuestra vida es creer que estamos aislados de lo que nos rodea. De una forma u otra, esos cientos de personas me dijeron que sabían que al morir se volverían a unir con algo más fundamental y que, hasta que no nos hayamos dado cuenta de que nosotros, y nuestro ego singular, no estamos aislados sino unidos, seremos siempre infelices. John, el pintor de más de 90 años, me dijo: «Sólo somos una mota de polvo, pero formamos parte de algo mayor, y al morir nos reunimos con ello».

Algunas de mis experiencias espirituales más intensas han tenido lugar cuando he sentido esa conexión. Hace años, estaba caminando por la orilla de un riachuelo en unas montañas italianas cerca de un monasterio en el que John Milton había escrito su poema inmortal, *El paraíso perdido*. Mientras caminaba cerca del arroyo intentando encontrar mi lugar en el mundo, me sobrecogió un sentimiento. Al escuchar el agua corriendo por la montaña, me di cuenta de algún modo de que formaba parte de algo superior. Me arrodillé, solo junto a un arroyo que seguramente bajaba por esa montaña desde hacía miles de años de una u otra forma, y metí las manos en el agua fría. Me había pasado toda la vida pensando en mí como en algo aparte del arroyo, como una entidad fuera de la red de la vida y la creación. Pero entonces advertí que yo era uno con el arroyo y con el universo de los seres vivos. Sentí una aceptación radical no sólo de mi lugar en el mundo, sino también de que un día volvería a unirme al río de la vida. Yo, como escribió Walcott en su metáfora poética, podría ver a los «delfines que nadan en la proa».

Puede que, en el fondo, estas conversaciones me enseñaran tanto sobre la muerte como sobre el modo de llevar una vida feliz. Empecé a darme cuenta de un modo que nunca había reconocido de la estrecha relación que existe entre vivir y morir. Cuando era un joven pastor y acompañaba a personas que estaban a punto de morir, observé que las personas morimos de formas muy distintas. Ahora soy consciente de que vivir y morir están relacionados. Morimos como hemos vivido. Cuando vivimos de forma sabia, no tememos la muerte; los que sienten que han vivido de verdad a menudo mueren en paz. El miedo a no haber vivido realmente es lo que hace temer la muerte. Además, me di cuenta de que, si somos realmente sabios, siempre vivimos a la sombra de la muerte. Reconocer su presencia nos recuerda que ahora es el momento de vivir. Quizá Ron tenía razón cuando me dijo que, «a menos que integremos el conocimiento de nuestra muerte en nuestra vida, no estamos preparados para vivir plenamente». Hasta que no asumamos la muerte, no como un invasor extranjero sino como una parte de lo que significa ser humano, no podremos encontrar la paz.

10

Una última lección: nunca es demasiado tarde para vivir los secretos

El último regalo que recibí de los entrevistados fue una lección sobre el tiempo.

Pedimos a miles de personas que identificaran a una persona que creyeran que había llevado una vida larga y feliz. Al hacer las entrevistas, nos preguntamos si esa gente sabia lo había sido toda la vida. ¿Habían nacido con los genes adecuados?, ¿los habían educado los padres adecuados? ¿O eran personas iguales que el resto de nosotros?

El proceso de entrevistas no nos permitió averiguar necesariamente cuándo una persona empezó a vivir de una determinada forma. Mi conclusión es que algunas de ellas habían vivido los secretos desde muy jóvenes, mientras que otras no los descubrieron hasta que fueron bastante mayores. Cada persona que entrevisté había aprendido mucho en el proceso de la vida y poco a poco se había convertido en quien ahora estaba sentado frente a mí. Varios de ellos habían experimentado momentos importantes de cambio, con frecuencia a una edad relativamente avanzada, cuando descubrieron lo que importa de veras. Por lo tanto, lo más importante no es *cuándo* descubrimos los secretos, sino *que los descubramos*. Independientemente de nuestra edad, de los errores que hayamos cometido, cuando decidimos aceptar y vivir los cinco secretos nuestra vida empieza a cambiar.

Una de las cualidades más destacables de esas personas era un profundo sentimiento de compasión. Muchos decían que habían sido demasiado estrictos con otras personas cuando eran más jóvenes, pero también decían que habían sido demasiado duros con ellos mismos. Uno de los aspectos que todavía no he comentado es la idea de vivir nuestra vida en vez de juzgarla. Vivir la vida significa tomar la vida día a día y momento a momento, intentando siempre profundizar en nuestro conocimiento de lo que significa ser humanos. La vida nunca será perfecta y siempre estaremos avanzando hacia la perfección. Don, de 84 años, lo explicaba del siguiente modo: «Has tenido la vida que has tenido. Cuando lo aceptamos, empezamos a estar completos». Era un argumento que se repetía con frecuencia: al juzgar nuestra vida nos infravaloramos. Cuanto más podamos eliminar la necesidad de comparar, competir, clasificar y juzgar nuestras vidas, más cerca estaremos de la sabiduría.

Al examinar los cinco secretos, debes resistirte a la tentación de juzgar tu vida. En vez de eso, pregúntate: «¿Cómo puedo aceptar y vivir de forma más profunda los cinco secretos?» La mente, al juzgar, nos paraliza, ya sea proporcionándonos la falsa sensación de que somos perfectos o haciendo que nos sintamos ineptos en todo. Hemos tenido la vida que hemos tenido, y ahora tenemos la oportunidad de crecer.

Hace muchos años, di una charla a un grupo de hombres de mediana edad sobre el amor. A lo largo de la misma, insistí en que a veces no tratamos a las personas más allegadas con amabilidad y amor (y en los estudios, ya mencionados, que revelan que en el hogar medio transmitimos 14 mensajes críticos o negativos a los demás miembros de la familia por cada comentario positivo o de agradecimiento). Después de la charla, se acercaron varias personas a hablar conmigo, mientras que un hombre de aspecto rudo esperó a que todos hubieran terminado y me dijo: «Ha sido una charla fantástica.

Al escucharle me he dado cuenta de que durante casi toda mi vida he tratado a mi familia y a los demás de forma destructiva. Necesitaban mi amor, y han recibido mi reprobación; necesitaban mi gratitud y han obtenido mis críticas, y necesitaban que fuera una persona positiva y les he hundido en la negatividad. Su charla de hoy me ha cambiado la vida. Sólo puedo reprocharle una cosa: ojalá le hubiera escuchado hace treinta años, porque he malgastado mi vida». Le caían las lágrimas por las mejillas.

Sus palabras me llegaron al corazón. Finalmente se había dado cuenta de cómo había vivido y no le había gustado lo que había visto. Intenté decirle algo que pudiera servir para fomentar ese nuevo planteamiento, pero también para ayudarle a curar sus remordimientos. Compartí con él un proverbio chino: «El mejor momento para plantar un árbol era hace veinte años, pero el segundo mejor momento es hoy». Al plantar un nuevo árbol hoy, el legado de su vida cambiaría. No era demasiado tarde.

Nunca es demasiado tarde para aceptar los cinco secretos que se pueden encontrar en este libro y cambiar la herencia de muchos años. Incluso un año vivido de forma sabia puede borrar muchos años de lamentaciones.

Una de mis entrevistas favoritas fue con John, el pintor de 93 años de Toronto. Tenía el brillo de la curiosidad en la mirada, una cálida gentileza en la voz y las manos de un artista, fuertes y cuidadosas. Los primeros treinta años de su vida adulta los había dedicado al movimiento comunista, y aunque todavía creía en esos ideales, su experiencia con el partido le había decepcionado profundamente. Sin embargo, no rechazaba esa etapa de su vida: «Aprendí muchas cosas y conocí a mucha gente. No puedes vivir arrepintiéndote; lo hiciste lo mejor que pudiste en su momento». Su segunda vida profesional le permitió cosechar premios y galardones como redactor, y al llegar a la edad a la que la mayoría se retira, él empezó a pintar. Con ochenta años, se exponían sus cuadros y los propietarios de las galerías se quedaban atónitos al ver que los vendían todos y montaban otra exposición, y otra, y otra.◉

La última vez que nos vimos, estaba sentando en el banco de un parque, con las manos sobre el regazo. «A veces charlo con gente de cuarenta o cincuenta años, y ya hablan como si su vida tocara a su fin. Pero yo les digo: "Si sólo habéis sido adultos veinte o veinticinco años. No es mucho para poder comprender la vida. Y si llegáis a mi edad, puede que tengáis otra vida adulta completa, o incluso dos, antes de morir. No os deis por vencidos".»

Recordemos que Elsa, de unos 70 años, pasó una infancia muy difícil en Alemania durante la Segunda Guerra Mundial. Me contó que, al ver fotos suyas de cuando era niña, le gustaría poder ofrecer a esa criatura la perspectiva que ha obtenido al cabo de los años. «Se me ve tan triste en todas las fotos, nunca sonrío. A veces quiero hablar con esa niña, decirle que tenga fe porque sus sueños llegarán a convertirse en realidad y que encontrará la felicidad. Y me gustaría decirles lo mismo a todas las personas que oigan hablar de estas entrevistas, que si sigues creciendo, si aguantas, puedes encontrar tus sueños y marcar la diferencia mientras estás aquí.»

Espero que todos los que lean este libro experimenten la compasión y compartan la perspectiva que me ofrecieron todas esas personas sabias. Deja de juzgar la vida que has tenido y sigue con la vida que todavía puedes llevar. Sean cuales sean los errores que hayas cometido, te arrepientas de lo que te arrepientas, planta hoy un nuevo árbol. Empieza a vivir los secretos o simplemente vívelos más a fondo. Esto es lo que querían que supieras los ancianos sabios.

Epílogo

Cómo me ha cambiado este libro

Durante el último año, cuando hablaba con alguien sobre este proyecto, sobre las más de doscientas conversaciones con personas que habían llevado una larga vida y habían encontrado la sabiduría, a menudo me preguntaban: «¿Cómo te han cambiado esas conversaciones?» Es una gran pregunta y me gustaría compartir la respuesta contigo.

Como he mencionado en el prólogo, tres personas realizamos las entrevistas, dos colegas, Olivia McIvor y Leslie Knight, y yo. El grueso de las entrevistas, poco más de doscientas, las realizamos Olivia y yo. Los dos tenemos casi cincuenta años. A veces, era como si nos sentáramos con nuestras abuelas o abuelos, pero con una predisposición que a menudo nos falta con nuestros allegados. Las personas que entrevistamos nos explicaron la historia de su vida. En ocasiones nos contaron recuerdos dolorosos y algún hecho del que se arrepentían; otras veces nos hablaron de momentos de alegría.

Incluso cuando todavía no habíamos acabado las entrevistas, noté que había hecho pequeños cambios. Cuando realizaba mis tareas diarias, me venía a la cabeza una imagen o una historia. Por ejemplo, un hombre de 83 años me contó que llora cada vez que ve una puesta de sol o un ballet, no sólo por esa maravillosa experiencia, sino también porque nunca sabe si será el último. En el mes siguiente a esa conversación, me encontré disfrutando de momentos concretos con mucha más atención. De repente, me di cuenta de que fuera cual fuera nuestra edad, nunca sabíamos cuándo íbamos a ver la última puesta de sol, y al vivir las puestas de sol con mayor atención, parecían tener más colorido y que, de algún modo, aumentaban los momentos de alegría.

Con el tiempo, cada vez pensaba con más frecuencia en frases o palabras durante el día. Las imágenes de esas personas y las cosas que habían dicho continuaban resonando en mi cabeza. Al caminar enfurruñado, pensaba en el hombre que daba paseos de gratitud. Al levantarme por la mañana, daba las gracias por otro día, como me había aconsejado Joel. Cuando me encontraba con un desconocido, recordaba las historias en que muchos años más tarde alguien se había dado cuenta de la influencia que había tenido en la vida de un desconocido, y me notaba más amable. Cuando me pillaba juzgándome, pensaba en todas las personas que me habían dicho que tenía que vivir en vez de juzgar, y cuando estaba contento, recordaba a un hombre que me dijo que «la felicidad está en tu mente».

Una de las personas que entrevisté me contó una experiencia que había tenido cuando trabajaba de joven en una fábrica. Un colega de mediana edad había perdido medio brazo en un accidente con una máquina. Todos los días levantaba su brazo de madera e imploraba a Bill que estudiara para no acabar como él. «Muchos años más tarde, aún puedo verle sentado aquí rogándome que no cometiera los mismos errores que él. He pensado muchas veces en él, aquí sentado, como el capitán Garfio, con su brazo de madera con un gancho, diciéndome que tuviera cuidado.» Desde que realizamos las entrevistas, me he sentido así repetidas veces, como si esa gente reivindicara sus verdades y me pidiera que las siguiera.

Las entrevistas también cambiaron mi visión de la muerte. No solemos hablar muy abiertamente de la muerte en nuestra sociedad. Nos acecha durante toda la vida, pero fingimos que no está ahí, como si hablar de ella pudiera convocarla de forma prematura o si, ignorándola, pudiéramos evitarla. En las entrevistas, se habló mucho de cómo morir de forma honesta y muchas veces íntima. Día tras día, hacía la misma pregunta sin titubear ni disculparme: «Ahora que ya eres mayor, ¿cómo te sientes respecto a la muerte, no a la muerte en abstracto, sino a tu muerte?»

Esta gente me enseñó que una persona que vive sabiamente no tiene miedo a la muerte. Quizá tendrá miedo al dolor, miedo a convertirse en una carga para los demás, sí, pero la gente feliz no tiene miedo a morir. Ahora, a menudo, cuando pienso en mi propia muerte, noto que puedo conseguir la paz de la que hablaban día tras día las voces de esas personas que me decían con gran calma: «He tenido una buena vida, y cuando muera, estaré preparado». Cuando hayamos vivido, podremos morir. También aprendí que hasta que no aceptamos que la muerte forma parte de la vida, no estamos listos para aferrarnos a la vida. La muerte es nuestra mayor maestra y una amiga disfrazada. Sólo reconociendo que nuestro tiempo es finito, podremos vivir con la urgencia necesaria para descubrir lo que importa de verdad. Al vivir hoy como si ésta pudiera ser mi última puesta de sol, vivo más el presente.

Todos estos entrevistados me recordaron cosas que sabía, pero que había olvidado a causa del ajetreo cotidiano de la existencia. Me recordaron que tenía que pararme a disfrutar de la vida, actuar con más amor, asegurarme de que no tenía nada de lo que arrepentirme, ser coherente conmigo mismo y saber que sólo al ser generoso paso a formar parte de algo superior.

Una de las entrevistas que más me inspiraron fue la de Don, que duró más de dos horas, al término de la cual tuve que hacer un esfuerzo para contener las lágrimas. Al principio no entendía cuál era el origen de ese llanto, pero luego me di cuenta de que durante esas dos horas supe que estaba en presencia de la sabiduría, de algo muy antiguo. Durante dos horas, fui testigo de los secretos de lo que significa ser humano, y no quería que esa experiencia se acabara. Una y otra vez, le hacía una pregunta más para postergar ese momento. Al cabo del rato, no tuve más remedio que poner fin a la entrevista.

Durante bastantes meses después de la entrevista, mantuvimos correspondencia con Don. Incluso quedamos para cenar cerca de su casa en Baltimore, pero al final tuve que posponer ese viaje. «La próxima vez que vaya a Baltimore —le dije en un correo electrónico— seguro que nos veremos.» Insistí varias veces en que le llamaría, pero al final no lo hice porque tenía mucho trabajo. Cuatro días antes de mi siguiente viaje a Baltimore, me llegó un correo electrónico. «Imagino que querrás saber que Don Klein ha muerto», leí en el «asunto». Nunca he tenido una reacción parecida frente a un correo electrónico. Me negué a abrirlo durante horas, pensando que así, de algún modo, no sería real hasta que no lo leyera.

Había tantas cosas que le quería preguntar a Don, cosas que me faltaban por saber. Quería volver a tener esa sensación de estar en presencia de la sabiduría. Y quería decirle que sus palabras y las de los demás me habían cambiado y que el libro cambiaría la vida de muchos otros. Me parecía oír las palabras de otro de mis entrevistados favoritos: «No confiéis en empollar. Si tienes que hacer algo, empieza ya». Al mirar el correo electrónico, esas palabras cobraron fuerza y sentí un profundo dolor. Me abrumaba pensar que nunca más volvería a hablar con Don.

Al abrir el mensaje de correo, encontré una carta de su hijo. Describía las dos últimas semanas de la vida de su padre. Su vida había llegado a su fin del mismo modo en que había vivido sus 83 años. Había hecho un crucero trasatlántico con su hermano y estaba en California dando una conferencia sobre su gran pasión, el amor. Al volver a sentarse, se desmayó. Los esfuerzos por reanimarlo fueron inútiles. Murió en brazos de uno de sus mejores amigos.

En la oficina, volví a escuchar la grabación de su entrevista. Decía: «He tenido un problema coronario durante casi veinte años y tuve un ataque al corazón. Los de la ambulancia me reanimaron. No vi una luz blanca, pero me sentía en paz; sabía que iba a estar bien. Desde entonces, no tengo miedo a la muerte. Mi vida ha sido un gran regalo. Cuando me vaya, estaré preparado». Esbocé una sonrisa entre las lágrimas. Sabía que había muerto en paz; había descubierto y vivido los cinco secretos.

Escuchaba con atención mientras hablaba de su mujer de 56 años, que había visto en la pista de baile de la facultad, de cómo había superado su timidez y cómo el correr ese pequeño riesgo le había cambiado la vida. Al preguntarle yo si todavía notaba su presencia, dijo: «Sí, claro, ya hace seis años que se fue, pero siento su presencia todos los días. Cuando el amor te conmueve, nunca muere».

Me recosté en la silla, cerré los ojos y recuperé la sensación de estar en presencia de la sabiduría. El amor de varios centenares de personas me había calado hondo, y todos caminarían junto a mí durante el resto de mi vida.

El secreto de la vida
en una frase o menos

Pedimos a las personas que entrevistamos que compartieran con nosotros, en una frase o menos, el secreto para llevar una vida feliz y con sentido. Les invitamos a que compartieran su secreto con los más jóvenes. En algunos casos, superaron el límite de una sola frase, pero no resulta fácil resumir toda una vida.

A continuación ofrecemos una antología de los secretos de la vida:

Hay funerales de diez minutos y funerales de diez horas. Vive la vida de manera que cuando mueras la gente se quiera quedar a contar historias de cómo viviste y les emocionaste.

Ken Krambeer, barbero, 64

Reconoce que has nacido con la capacidad de estar en el mundo y que no dependes de las circunstancias en las que te encuentres; no te tomes en serio, no te quedes atrapado en las ideas de tu cabeza; no son lo mismo que la realidad.

Donald Klein, psicólogo y escritor, 84

No confiéis en empollar. Siempre les decía a mis alumnos: si seguís vuestro corazón, dejáis un legado y os centráis en lo que importa, todo irá bien.

George Beer, físico, profesor universitario retirado, 71

Ama profundamente y sé amado profundamente; sé apasionado en tu curiosidad y exploración, y lucha con denuedo por conseguirlo.

William Hawfield, 64

Para que tu vida tenga más sentido debes olvidarte de lo que la sociedad y la gente piensan de ti y mirar en tu interior con un poco de disciplina (meditación, plegarias) para descubrir qué es lo que más te interesa y perseguirlo.

James Autry, poeta y escritor, 73

Si eres infeliz, ocupa tu tiempo haciendo algo para otra persona. Si te concentras en ti mismo, serás infeliz, pero si te centras en ayudar a los demás, encontrarás la felicidad. La felicidad proviene de servir y amar.

Juana Bordas, escritora, 64

Proscribe la palabra *aburrimiento* de tu vocabulario, y dondequiera que estés aprovecha al máximo ese momento porque ya no volverá.

Max Wyman, 65

Arrodíllate y besa el suelo, da gracias por existir, ámate a ti mismo y a los que te rodean y disfruta al máximo de estar vivo.

Craig Neal, 60

Recuerda que formas parte de algo mayor que tú.

Antony Holland, actor, 86

Busca tu pasión y persíguela.

Lea Williams, escritora y educadora, 58

Encuentra algo que te encante hacer y conviértelo en tu profesión.

Paul Hersey, escritor, 76

Mi madre me dijo que «fuera coherente conmigo mismo». Es un consejo importante y te reportará grandes beneficios si aprendes lo que es auténtico para ti, si eres coherente con lo que te importa; para eso hace falta reflexión, y no se puede pensar mirando *Los Simpson*.

Jim Scott, agente inmobiliario, 60

El legado que dejas es la vida que llevas. Vivimos cada día y dejamos un legado cada día: no hablo de ningún gran plan, sino de lo que hacemos todos los días, las pequeñas decisiones, porque nunca sabemos el impacto que tendrá lo que hacemos o cuándo lo que hacemos tendrá un impacto.

Jim Kouzes, escritor, 61

Aprende a amar a la gente porque, si lo haces, esto te llevará a todo tipo de lugares; valora siempre el lado bueno de los demás.

John Boyd, pintor, casi 94

No puedo dar consejos a nadie porque primero tendría que conocer a esas personas; por lo tanto, diría que hay que conocerse y saber lo que se quiere crear en la vida para luego mantenerlo siempre frente a nosotros.

Elsa Neuner, 72

Come de forma saludable, sé una persona físicamente activa, invierte tu energía en hacer que tu entorno sea una comunidad más justa y feliz.

William Gorden, profesor de comunicación, activista, 77

Intenta ver siempre el lado bueno de las personas, y no te dañarán porque todo el mundo está lleno de bondad. No sientas envidia, porque tienes bendiciones y regalos diferentes.

Eileen Lindesay, 78

Hay que salir más del barco.

Don, 78

Vive cada día por lo que es, no te preocupes por lo que pasará, ya te ocuparás del mañana cuando llegue; lo que tenga que ser, será; aprende a aceptar y esperar a que llegue el próximo día.

Esther, 89

Nunca te regodees en los aspectos negativos de tu vida; pasan cosas malas constantemente, pero debes encontrar la parte buena de las malas situaciones, y lo harás.

Rufus Riggs, 63

Vive tu pasión y sé de utilidad a los otros.

Laura Lowe, 61

Consigue una educación, descubre quién eres, de dónde vienes y adónde vas, y no te olvides de quién eres.

Ralph Dick, jefe nativo, 66

Tienes que aprender quién eres por dentro, saber cuáles son tus sentimientos, comprender todo eso; la clave para el autoconocimiento. Si sabes quién eres, tienes unos buenos cimientos; si todo en la vida es un misterio para ti, tendrás problemas.

Mark Sherkow, 60

No bajes el telón demasiado pronto; siempre hay un bis o un cuarto acto.

Joci James, 79

Escoge una carrera profesional que te guste y con la que te sientas realizado. No tiene que ver con cuánto dinero ganas. El dinero puede desaparecer rápidamente, pero no la sensación de sentirte realizado. Te acuestas con ella y duermes como un niño.

Gordon Fuerst, 71

Escucha las voces de tu interior, te dirán lo que está bien y lo que está mal, te traerán paz y felicidad; si no las escuchas, puedes sentir ansiedad, infelicidad y tristeza.

Bert Wilson, 63

Recuerda que Dios te observa y tiene su mano en tu hombro.

Robin Brians, 67

Conoce a tu yo y ten el valor de seguir sus dictados.

Clive Martin, 65

Sé amable con los demás y contigo mismo; de este modo no puedes equivocarte.

Mary, 87

Decide ser feliz en la vida. Si quieres centrarte en lo negativo, vale. Pero puedes centrarte en la flor del jardín que se ha abierto hoy y que has podido ver; lo importante es en qué te centras.

Tony, 66

Sé amable con todo el mundo y la gente te querrá cuando te hagas mayor.

Jay Jacobson, 65

Cuando entrenaba a mis hijos, y lo hice con todos, les decía esta frase tan a menudo que se la sabían de memoria (ve a por todas, sé un buen deportista y diviértete): aplícate a fondo, sé honrado, juega limpio y no te lo tomes demasiado en serio. Prefiero ganar a perder, pero lo importante es participar.

Jack Lowe, propietario de un negocio, 67

Sigue los dictados de tu corazón y conviértete en la persona que quieres ser en este mundo.

Bob Peart, biólogo y activista, 59

Cada persona tiene un objetivo muy concreto; se te dan todas las herramientas que necesitas.

Tom McCallum, Búfalo Blanco Erguido, 60

Ten la disciplina necesaria para escuchar a tu corazón y el valor de seguir sus dictados.

Ron Polack, sanador de energías, 72

Diviértete, disfruta y obtén tanto placer como puedas sin causar ningún daño a los demás.

Lee Pulos, psicólogo, 78

Sé tú mismo; escucha a tu interlocutor como si lo amaras, hazte con una visión del futuro que sea honesta contigo mismo y marque la diferencia, y honra todos los momentos de tu vida.

Joel Barker, escritor y futurólogo, 62

Sé tan atento y respetuoso con los demás como puedas, sé imaginativo para inyectar toda la emoción posible a tus interacciones, no los defraudes.

Susan Samuels-Drake, 68

Encuentra tu camino y no lo abandones.

William Bridges, escritor, 73

¡Paga tus facturas! No hagas del dinero tu objetivo; gestiónalo, escoge un trabajo que vayas a disfrutar, porque vas a pasar mucho tiempo haciéndolo.

May, 72

Mantente ocupado; no te aburras nunca, encuentra siempre cinco cosas más que hacer.

Lucy, enfermera, 101

Disfruta de cada día; haz amigos; no te pelees.

Alice Reid, 97

Aprende todo lo que puedas, escucha los mejores consejos que puedas y reza para que Dios te guíe.

Padre John Edward Brown, sacerdote católico, 89

Cuando iba al colegio, le dije a mi profesor de carpintería que lo que estaba haciendo era «lo suficientemente bueno», y me dijo que sólo la perfección es lo suficientemente buena y lo suficientemente bueno no es perfecto.

Frank, 82

Para ser coherente contigo mismo, haz lo que esté bien para ti y sé sincero; haz lo que haga cantar a tu corazón.

Carolyn Mann, 67

Ataca con todas tus fuerzas, remángate y pónselo difícil, atrévete a vivir, a amar, a conectar.

Ann Britt, 67

Ama lo que hagas y haz lo que ames.

Darlene Burcham, 62

Vive según la regla de oro: trata a todo el mundo como te gustaría que te tratasen a ti.

Wayne Huffman, 68

Cree en ti mismo, todos tenemos dones maravillosos.

Jacqueline Gould, 60

Intenta aprender del pasado, disfrutar del presente y hacer sitio para un futuro mejor.

Mary Ruth Snyder, 79

Sé fuerte, sé amable y actúa con amor hacia tus iguales.

Elizabeth, 85

Ámate a ti mismo y el resto vendrá solo.

Jeannie Runnals, 57

No dejes que el miedo dirija tus pasos.

Felisa Cheng, 65

Trabaja con tanto afán como puedas, y ponlo todo en lo que hagas; lucha por hacer lo mejor. Márcate unos objetivos muy altos; si están demasiado bajos, no los alcanzarás.

Muriel Douglas, 72

Si puedes, haz el bien a todas las personas que te encuentras, pero nunca hagas el mal.

Bansi Gandhi, 63

Ten un gran respeto por ti mismo y por los demás. No les hagas daño y acéptalos como son.

Juliana Kratz, 76

Mantén tu visión y permanece centrado. Confía en ti mismo y avanza hacia tu objetivo; lo conseguirás, quizá no sepas cómo, pero lo lograrás.

Dyane Lynch, 63

No te preocupes por cosas sin importancia.

John Smith, 82

Entrevista a tus propios mayores

De alguna forma, el viaje que hice para escribir este libro representó una búsqueda personal inacabada. Muchos de los mentores más importantes de mi vida murieron antes de que pudiera hablar con ellos sobre su vida y sobre qué habían aprendido. Ojalá hubiera tenido la oportunidad de plantearles las mismas preguntas que a los entrevistados para este libro.

Muchas de las personas con las que hablamos nos fueron recomendadas por alguien muy próximo, muchas veces su hijo o hija. Uno de los momentos más emotivos del proyecto se produjo después de que un hombre nos sugiriera que entrevistáramos a su padre para el libro. Nos dijo que era sabio y había descubierto el sentido de la vida. Evidentemente, ese hombre pensaba que su padre tenía algo importante que transmitir a los demás. Por desgracia, mientras intentábamos ponernos de acuerdo en un día para realizar la entrevista, su padre murió. Mi equipo sintió una gran tristeza por no haberle entrevistado a tiempo. No podría compartir su sabiduría, al menos no en este libro.

Eso nos hizo pensar que muchas de las personas que lean este libro conocerán a alguna persona mayor que haya encontrado el sentido de la vida, cuya sabiduría puede que quieran recopilar antes de que muera, para compartirla con otros miembros de la familia y para ellos mismos. Por eso decidimos compartir las preguntas que hacíamos a los entrevistados, con la esperanza de que pudiera ser el principio de una conversación más amplia, en la que cada uno busca la sabiduría de los demás.

Como he mencionado en el prólogo, al entrevistar a ancianos

sabios, a menudo se producían pausas entre nuestras preguntas y sus respuestas. En esos momentos, con frecuencia me hacía yo mismo esas preguntas. Intentaba imaginarme con la edad de la persona a la que entrevistaba y me preguntaba cómo respondería. Por lo tanto, espero que, además de usar estas preguntas para entrevistar a los demás, también te hagas tú estas preguntas.

1. Imagínate que estás en una cena y todos estáis sentados en círculo. El anfitrión invita a todo el mundo a describir en tan sólo un par de minutos la vida que ha llevado. Si estuvieras en la fiesta, y quisieras que la gente supiera de ti todo lo posible en ese par de minutos, ¿qué dirías? Describe la vida que has llevado.

2. ¿Qué ha otorgado más sentido a tu vida? ¿Por qué es importante estar vivo?

3. ¿Qué te ha proporcionado o te proporciona mayor felicidad en la vida y la mayor felicidad en cada momento?

4. Cuéntame un par de momentos cruciales de tu vida, cuando ir en una dirección u otra supuso una decisión trascendental para el resto de tu existencia.

5. ¿Cuál es el mejor consejo que has recibido sobre la vida? ¿Lo seguiste? ¿Cómo lo has usado a lo largo de la vida?

6. ¿Qué te hubiera gustado saber antes? Si pudieras volver a cuando eras joven y hablar contigo mismo, sabiendo que te harías caso, ¿que te dirías sobre la vida?

7. ¿Qué papel ha desempeñado la espiritualidad en tu vida?

8. ¿Cuál es el mayor temor al final de la vida?

9. Ahora que eres mayor, ¿cómo te sientes respecto a la muerte? No la muerte en abstracto, sino tu muerte. ¿Tienes miedo a morir?

10. ¿Qué papel han desempeñado la espiritualidad y la religión en tu vida? ¿A qué conclusión has llegado sobre Dios?

11. Completa esta frase: «Ojalá hubiera...»

12. Ahora que ya has vivido la mayor parte de tu vida, ¿qué cosas crees que son importantes si una persona quiere encontrar la felicidad y llevar una vida plena?

13. Ahora que ya has vivido la mayor parte de tu vida, ¿qué cosas crees que no importan mucho para encontrar la felicidad? ¿A qué te gustaría haber prestado menos atención?

14. Si pudieras dar un consejo de una sola frase a los más jóvenes sobre cómo tener una vida feliz y con sentido, ¿qué les dirías?

Lista de entrevistados

Los siguientes entrevistados aceptaron que sus nombres aparecieran en este libro. Agradecemos a estas personas que quisieran compartir su sabiduría. A los que no quisieron que se hicieran públicos sus nombres o que murieron antes de que pudiésemos obtener su consentimiento, gracias también.

Walburga Ahlquist
Abu al-Basri
Fateema al-Basri
James Autry
Ann Ayres

Pravin Barinder
Joel Barker
George Beer
Emily Bell
Juana Bordas
John Boyd
Robin Brians
William Bridges

Ann Britt
Ammod Briyani
Padre John Edward Brown
Darlene Burcham
Ron Butler

Pat Campbell
Olive Charnell
Felisa Cheng
Sylvia Cust
Amy Damoni
Robert Davies
Ralph Dick
Muriel (Jamie) Douglas

Susan Samuels Drake
June Dyer

Gerry Ellery
Immanuel Ephraim

Gordon Fuerst
E. Margaret Fulton

Bansi Gandhi
Harvey Gold
Maggie Goldman
William Gorden
Jacqueline Gould
David Gouthro

William Hawfield
Orville Hendersen
Pablo Herrera
Paul Hersey
Antony Holland
Lauretta Howard
Wayne Huffman

Abdullah ibn Abbas

Lamar Jackson
Jay Jacobson
Joci James
Evelyn Jones

Elizabeth Kelliher
Loretta Keys
Donald Klein
Ada Knight
Ronald Komas
Jim Kouzes

Ken Krambeer
Juliana Kratz

Jacob Leider
Lucie Liebman
Eileen Brigid Lindesay
George Littlemore
Martha Lofendale
Dan London
Jack Lowe
Laura Lowe
Dyane Lynch

Gordon Mains
Farolyn Mann
Clive Martin

Tom McCallum
Carlos Montana

Craig Neal
Juanita Neal
Elsa Neuner
Joyce Nolin
Jesse Nyquist

Derek O'Toole

Irene Parisi
Bob Peart
Dick Pieper
Ronald Polack
Lee Pulos

Alice Reid
Rufus Riggs
Felicia Riley
Jeannie Runnalls

Murray Running

John Sandeen
Jim Scott
Mark Sherkow
John (Jack) Smith
Lynn Smith
Mary Ruth Snyder
Joel Solomon

Jerry Spinarski

May Taylor
Patricia Thomas

Tom Waddill
Harvey Walker
Bryan Wall
Bucky Walters
Esther Watkins
Lea Williams
Bert Wilson
Robert Wong
Max Wyman

Acerca del autor

Escritor y autor galardonado con varios premios, defensor de la cultura corporativa y la sostenibilidad global, el doctor John B. Izzo ha dedicado toda su vida particular y profesional a facilitar conversaciones profundas sobre los valores personales, la cultura del trabajo, cómo vivir plenamente, la responsabilidad del liderazgo y la verdadera definición de la palabra *éxito*. Desde los 12 años, John Izzo ha querido influir en las personas e inspirarlas. Ha trabajado con miles de líderes, profesionales y colegas para fomentar la excelencia, el sentido, el aprendizaje y la renovación. Ha liderado retiros sobre cómo crear sostenibilidad, ser un mejor líder y encontrar la satisfacción en el trabajo y en la vida. Entrevistó y mantuvo contacto con miles de individuos para asegurarse de que las necesidades de la gente se tienen en cuenta y se comprenden. Sus creencias, sabiduría y experiencia han ayudado a muchas personas a descubrir formas de crear centros de trabajo comprometidos y llevar vidas positivas e intencionadas.

Izzo se licenció en Sociología por la Universidad de Hofstra en 1978 y completó un programa doble de máster (de la McCormick Divinity School en Teología al mismo tiempo que asistía a la Universidad de Chicago para completar un máster en Psicología Organizativa). Izzo también obtuvo el doctorado en Comunicación Organizativa en la Kent State University. Ha trabajado como docente en tres importantes universidades y ha presidido la junta del Sierra Club y de la Canadian Parks and Wilderness Society.

El doctor Izzo ha compartido escenario con políticos, ecologistas, iconos corporativos, presidentes de fundaciones y magnates del cine como Ken Blanchard, Bill Clinton, David Suzuki, Oprah Winfrey, Peter Mansbridge, Jane Fonda y el doctor Brian Little, y pronuncia más de cien conferencias al cabo del año. Ha escrito y publicado más de seiscientos artículos y es autor de tres superventas: *Second Innocence, Values Shift* y *Despertar el alma de la empresa. Fast Company*, CNN, Wisdom Network, Canada-AM, *World News* de la ABC, *Working Woman, Wall Street Journal*, la revista *McLean's* y la revista *INC* han hablado sobre las investigaciones y opiniones de John Izzo, y también es un colaborador habitual de *Globe and Mail*, así como de la revista *Association Management*.

En 2007, Biography Channel y el doctor Izzo rodaron una serie de cinco capítulos titulada *The Five Things You Must Discover Before You Die*, que se emite actualmente en el Biography Channel de Canadá, así como en la PBS de Estados Unidos.

Nacido y criado en la costa Este de Estados Unidos, el doctor Izzo vive actualmente con su mujer y sus hijos en las montañas de las afueras de Vancouver (Canadá). Si quieres más información sobre el doctor John Izzo y sus colegas, puedes visitar:

www.drjohnizzo.com
http://www.drjohnizzo.com/

o

www. theizzogroup.com
http://www.theizzogroup.com/